Time Management :
Planning & Scheduling

仕事は「段取りとスケジュール」で9割決まる!

飯田剛弘
Yoshihiro Iida

明日香出版社

はじめに

「もっとラクに成果を出したい」

「もう少し余裕を持って仕事をしたい」

「残業せずに定時で帰りたい」

と思ったことは誰しもあるでしょう。


そこで、「手帳を活用して予定を管理しよう」と決意します。

でも、気づけば、挫折……。

今度は、「やるべきことをキチンと管理しよう」とＴｏＤｏリストを使ってみる。

しかし、皮肉にも「やりたいけど、やれていないリスト」になってしまう……。


これは、あなたの意思が弱いからでしょうか？

そんなことはありません。

やる気があっても、うまくいかないことはよくあります。

「一生懸命やっているのに、定時に終わらない」

「急な予定変更でスケジュールが狂う」

「締め切り直前でも仕事が終わらず、焦ってしまいミスをしてしまう」

「提出が1日、2日遅れてしまう」

「やるべきことがわかっていても、なかなか手がつけられない」

など、多くの人が仕事の進め方や期限を守ることに悩んでいます。


なぜ、このようなことが起きるのでしょうか？

それは、あなたのやり方がズレているからです。以前と比べて、やることが増えているのに、仕事の進め方や考え方を一向に変えなかったため、今の時代に合わなくなってしまったのです。「がんばれば成果が出る」というわけではなくなったのです。

ムダな努力をしないためにも、今の時代に合った仕事の進め方に変えていく必要があります。


もし、「自分にはがんばりが足りない」と考えているのであれば、あなたは間違っているかもしれません。
そもそも、あなたのスケジュールは最適化されていますか？

私は外資系企業に転職してはじめて、長時間働くやり方では世界で通用しないことを実感しました。限られた時間内でやるべきことをやり、成果を出すことが求められているのです。時間効率を犠牲にしてでも品質にこだわる考え方とは、根本的に違います。そこで私は、仕事のやり方を徹底的に見直しはじめました。

幸いにも私にはプロジェクトマネジメントの実践を通じて、チームでスケジュール通りに仕事を進めるノウハウがありました。また、海外の人と一緒に仕事をしながら、彼ら、彼女らの仕事に対する考え方や進め方を学んできました。
その経験や知識を踏まえ、自分の仕事のスケジュールの組み方を根本的に見直し、試し、改善したのです。

その結果、今では、日本だけでなく、韓国、東南アジア、オセアニア地域のマーケティング責任者として仕事をしています。さらに執筆活動やマーケティングのポータルサイトの運営など、多くのことにチャレンジできています。

スケジュールを改善していく中で、いくつか気づいたことがあります。

・はじめから無理なスケジュールを立てていた
・お願いされたものを優先してやっていた
・マルチタスクをしてしまい、目の前の仕事に集中できていなかった
・ＴｏＤｏリストに頼り、実際に作業をする時間を確保していなかった
・タスクの期限は曖昧で、「なるべく早く」ばかりだった
・仕事をする上で必要な資料や情報をいつも探していた
・仕事のやり直しで、さらに時間がかかっていた

そして、これらの課題を具体的に解決しなければ何も変わらないこと、「がんばろう」と気合を入れてもなんとかなるわけではないことに、気づかされました。

実際に課題をひとつひとつ解決していくと、私は余裕を持って仕事に取り組めるようになり、成果も出せるようになりました。

スケジューリング成功の鍵は、努力や根性ではありません。やるべきことを合理的に、ムダなく管理し、実行していくことです。

スケジュールを組む力を身につければ、ひとつひとつの仕事に集中でき、早く仕事を終わらせ、成果を出せるようになります。ミスも減り、慌てずに仕事を進められ、期限を守るだけではなく余裕も生まれます。その結果、残業も減らせるようになります。

本書が、あなたの仕事における「スケジュール管理」を少しでもアップデートできれば幸いです。

アップデートをするかしないかで結果が変わってきます。最終的にはあなた次第です。でも迷っている暇はありません。

気づけばあっという間に時間が経っていた……なんてあとで悔やむことのないように、

まずは最初の一歩を踏み出しましょう。
さぁ、前に進もう。ページをめくろう。時間がもったいないから。

飯田 剛弘

第1章

なぜギリギリになってしまうのか？

第2章

アタマの切り換えを減らす

第3章

仕事のスケジュールを組むための「仕分け術」

第4章

「いつまでに」を癖にする「デッドライン」の守り方

第5章

振り回されない「コントロール術」

第6章

探す時間を減らす「タスク置き場」の作り方

第7章

時間効率を上げる「ちりつも力」

第8章

仕事のやり直しを防ぐ「逆算思考術」

第9章

時間は金より ケチって使え！

カバーデザイン（256　萩原弦一郎）

第1章

なぜギリギリになってしまうのか？

1

「少しずつやろう」と思っても失敗する

「まだ時間があるから大丈夫」だといって、本来やるべき仕事ではなく、他のことをやっていませんか？「やる気が出ない」と言い訳をして、締め切りギリギリになるまで仕事に手をつけない、なんてことはありませんか？

面倒な仕事をついつい先延ばししてしまう、余裕を持ってはじめたのに最後のほうはバタバタして焦ってしまう、あなたにもそんな経験があるはずです。

ギリギリになるまで手がつけられない人の多くは、子供の頃からそうだったはずです。

例えば、夏休みの宿題を提出直前になって慌ててはじめる。このような人は、締め切り寸前で「ヤバい」「マズい」と焦り、お尻に火がついて、はじめて本気になります。

そして宿題の期限に間に合わず遅れて提出しますが、多少注意されたり、怒られたりしただけで、なんとかやり過ごせたため、ある種の成功体験を得たのです。

すると、**過去になんとかなったという経験から、「まだ大丈夫」という気持ちになります。**

早めに取り組むことや、少しずつやることが難しくなって、「もう少しあとになってからやろう」という考え方になってしまうのです。

結局、昔から「ギリギリ」の人は、「少しずつやろう」と思ってもなかなかできません。**つまり、「ギリギリ」になってしまう自分の悪い癖を、気合や根性で直すことは難しいのです。**

一方で、あなたの周りにいる上司や先輩を見てください。仕事のできる人は「やる気」や「モチベーション」に頼らない仕事の進め方をしていませんか？仕事ができる人は、今やるべきことをやれば、あとからラクになるという成功体験をしています。その因果関係の考え方が定着し、習慣になっています。

ギリギリになる人は、気合や根性で先延ばし癖を直そうという考えを捨てましょう。小さなことで構わないのではじめてみて、ラクになるという成功体験を得ていきましょう。繰り返すことで、先延ばししない習慣が身についていきます。

point

「やる気」や「モチベーション」に頼らない

2

「ひとりよがり」と思われていませんか？

あなたの仕事が終わらないために、周りの人に迷惑をかけてしまう。そんなことはありませんか？

仕事というのはチームプレーです。自分一人では完結しないものばかりです。次の工程に進むために、あなたの仕事の成果物を必要としている人がいます。仕事全体から見れば、「自分の仕事が終われば、役割を果たした。おしまい」ということにはなりません。

普段から、**「他の人が、あなたの仕事が終わるのを待っている」**という意識を持つことが大切です。そのことを踏まえ、仕事を計画し、スケジュールを組みましょう。

全体の仕事を遅らせないために、各自が締め切りを守ることが大事です。

もしあなたが「多少遅れても問題ない」と勝手に判断してしまえば、周りの人は、あなたのことを自己中心的で協調性がない人と判断してしまうでしょう。あなたの上司や周りからの評価も下がります。

期限を守る人は、全体を見ながら仕事をしています。他の人の状況を把握し、細かなところまで目配りができ、協調性もあります。

大事なことは、**「後工程はお客様」という言葉がある通り、自分の次に仕事をする人がいることを認識するだけではなく、その人が仕事をしやすいように、相手の立場になって物事を考えることです。**

相手が、あなたから具体的に何を必要としているかを考えてみましょう。

また仕事の依頼を受けたときは、仕事の依頼者や関係者と、しっかりとコミュニケーションを図ることも大事です。最終的な成果物であるアウトプットのイメージや締め切りをすり合わせておくのです。

数値化や視覚化により曖昧さをなくし、共通認識を持つことが重要です。

point

スケジュールの組み方が下手な人は自己中心的な考え方をしている

3

「すべてがうまくいけば間に合う」願望を捨てる

予定の詰めすぎは混乱を招きます。

なぜでしょうか?

それは、ほとんどの仕事が予定通りに進まないからです。

何らかの変更やトラブル、不測の事態が起きれば、予定していたよりも時間がかかります。ひとつの仕事が遅れれば、他の仕事や予定にも影響します。

「すべてがうまくいくことがない」という前提で考えれば、「トラブルが起きても間に合う」柔軟なスケジュールを組むことができます。

あなたの仕事内容や環境にもよりますが、**週に2、3回まとまった空き時間を確保しておくと、突然のトラブルや仕事に柔軟に対応できます。**

また、びっしり詰められたスケジュールは、焦りや不必要なストレスも生み出します。焦れば仕事が雑になり、失敗やミスをするリスクも増えるでしょう。

仕事が終わるまでの所要時間を見積もるとき、精度に自信がない場合は、当初思った時間の１・５倍くらいを見積もっておくと割と安全です。

仕事が順調に進めば、空き時間に次の仕事を前倒しする、あるいは保留にしていた仕事をはじめることもできます。前倒しすれば明日以降がラクになり、そのあと何かあっても対応しやすくなります。

このようにスケジュール管理において、余裕、つまり空き時間を作ることは有効かつ重要な対策です。

point

スケジュールを組むときはバッファ（余裕）を入れる

4

記憶力に頼ると間に合わなくなる

あなたは、仕事をする際に、自分の記憶力や能力に頼りすぎていませんか？

「依頼されたことや聞いたことをメモしない」「ＴｏＤｏリストは作ったのに、いつはじめ、いつ終わるかはその都度考える」「やるべきことをスケジュールに入れない」など、心当たりはありませんか？

「覚えよう」という意識がなくても、結果的に記憶に頼ったり、その都度考えたりする仕事の進め方をしてはいけません。自分の記憶や能力に依存する仕事の進め方をすれば、必ずミスを起こします。

やるべきことが増えれば、「あー、しまった」や「完全に忘れていた」という、うっかりミスが増えていきます。「期限が過ぎていた」「お願いするのを忘れていた」などが発生するのです。そして、忘れていたことに対応することで、今度は他のやるべきことが遅れていきます。

慌てて対応すれば、さらなるミスや失敗を招き、仕事の質が悪くなります。それにより、間に合う仕事でさえも間に合わなくなるのです。まさに負のスパイラルに入ります。

どういう状況のときに、「あっ、しまった」が起きるのか、仕事がギリギリになるのか、あるいは遅れるのかを具体的に考えることが大事です。それらを知ることで、あなたの仕事の進め方やスタイル、特徴が見えてきます。自分を知ることで、よりいい仕事の進め方、つまり現実的かつ有効な予定の立て方が可能になります。

そして、**「人はやることを忘れる」という前提に立ち、思い出すための仕組みを作っていくことが重要です。**具体的な方法は後述します。

「絶対忘れない」「覚えよう」という根性論は捨てましょう。また、「大事なことは忘れない。忘れるようなことなら重要ではない」という根拠のない楽観的な考え方もやめましょう。そうすることで、最終的には人や記憶力に依存しない、自分に合ったやり方を確立できるようになります。

point

「やるべきこと」を忘れない仕組みを作らなくてはならない

5

「がんばっている」という言い訳をやめる

がんばっているけど、いつもギリギリになる。やることが多すぎて、ついつい先延ばししてしまう。そんな状況になっていませんか？

しかし、本当に仕事量が多いことが原因でしょうか。あなたの上司や先輩があなたの仕事をやったとしたら、ギリギリになると思いますか？

もし違うのであれば、具体的に何が違うのか、遅くさせる原因は何なのかを突き止めなくてはなりません。

現状を変えたい、あるいはできる人になりたいと思うのであれば、自分のほうに原因があると考えると対策や改善がしやすくなります。

他人や自分以外のことを変えるのは、自分を変えることより遥かに困難です。変な感情にとらわれず、合理的に考えてみてください。

あなたの仕事が遅くなる原因は何でしょう。

その原因のひとつは、**「仕事がわからない」**というものです。つまり、その仕事をするために必要な知識や能力がないのです。

そもそもその仕事で何をやるべきか、何を求められているかがわからない。結果として、不安や疑問だけが先行して、何も進まない。そんなことはないでしょうか？

これは、知識や経験が少ない人に多いパターンです。

対策としては、上司やわかる人にまず相談をすることです。足りないことを学びながら、少しずつ進めていくしかありません。**最初から完璧を求める必要はないのです。**

他の原因として、**「自分で抱え込む」**ことが考えられます。

この場合は、自分のほうが周りの人よりもわかっているときに起きやすいです。自分のほうがわかっているという理由で、他の人にお願いすることなく、何でもかんでも自分でやろうと抱え込みます。

実はこちらのほうが性質が悪いです。このパターンの人は完璧を目指そうとします。ミスや漏れがないかの確認に必要以上に時間をかけます。**自分のこだわりで、なるべくいい**

ものを作ろうと、ギリギリまで手を加えます。結果として、仕事が遅くなります。

高品質を求める、典型的な日本人の働き方です。

この場合、その仕事には何が求められているのかを明確にすることです。数値や図を活用して完成基準を具体化することで、他の人への協力依頼もしやすくなります。

すべてを自分で抱え込まなくてもすむようになります。

なお、「がんばっている」や「忙しい」と言い訳をする人は、他人からの評価を落としています。

「がんばっている」や「忙しい」は主観的に感じることです。これが、口癖になっているのであれば、今すぐにやめるべきです。

感情的に判断せずに、合理的に考え、実行するよう心がけることが大事です。

point

他の人への協力要請を惜しまない

6

余裕があっても締め切りギリギリになるのが仕事

「本来ならば、20、30分で終わるような仕事が１時間もかかってしまった」
『「今日中にプレゼン資料を完成させればいい」と、午前中は余裕を持っていたのに、夕方になっても終わらず、結局残業することになった』

このような経験はありませんか？

実を言うと私たち人間は、「時間やお金をある分だけ使ってしまう」という習性があるのです。これを**「パーキンソンの法則」**と言います。

パーキンソンの法則は、イギリスの歴史学者・政治学者であるシリル・ノースコート・パーキンソンが提唱した法則で、英国の官僚制を観察した結果に基づいて生まれました。「役人の数は仕事の量とは無関係に増え続ける」このことから、「仕事の量は、完成のために与えられた時間をすべて満たすまで膨張する」という法則ができたのです。

つまり、**無意識に仕事をすると、ついつい期限までの時間をすべて使い切ってしまうの**

です。

要するに、締め切りまでに余裕がありすぎると、プレゼン資料を作成する場合なら、見た目にこだわりすぎたり、関係ない情報まで調べたりして、時間を浪費してしまうのです。結果、気づいたら、締め切りギリギリになっているのです。

本当に必要なものだけに時間を使うよう、コントロールすることが重要です。まずは必要な作業を特定し、作業時間を見積もり、少し厳しめの期限を設定することです。その際、各作業工程の節目であるマイルストーンを設定すると進捗も管理しやすくなります。もちろん、バッファ（余裕）を別途設ける必要はありますが、不測の事態が起こったとき以外には使いません。

はじめから期限に余裕を持たせて、本質的でないことに時間をとられるのはもったいない。ムダなことをやるよりも、必要な作業をいかに早く終わらせるかを考えるほうが大事です。

point

作業時間を余計にとろうとしない

7

時間とのつき合い方を疑うと仕事がラクになる

ギリギリになる仕事の習慣は、根性や気合、やる気では克服できません。

あなたは、すでに気づいているはずです。心の中で「アタフタしたくない」「バタバタしたくない」「ギリギリになりたくない」「時間をうまく管理して、早く仕事を終わらせたい」などと思っているのに、「面倒くさい」「なんとかなる」という弱い自分が出てきてしまうことを。

良くないと頭ではわかっているのに、なぜかわからないけれども、何度も何度も同じ過ちを繰り返してしまう。要するに、**自分を変えることは、それほど簡単な話ではありません。**

むしろ、自分の性格や癖をいきなり変えようとせず、時間管理の観点から、仕事の進め方や環境や仕組みに目を向けましょう。

何に時間を使っているのか、なぜ時間がかかるのか、まずは自分の時間の使い方を検証することが大事です。現状をしっかりと認識すれば、間違った努力を避けることができます。**今までの根性論とは違い、事実をもとに時間に対する考え方や環境を変えるのです。**

時間とのつき合い方やスケジュールの組み方を改善し、行動も変えれば、期限よりも前に仕事が終わります。ギリギリにならずに早く終わらせる行動が成功体験となり、これを積み重ねていくことが嬉しくなります。

行動が習慣化すれば、頭で考えたり決めたりするような精神的な疲労や負荷が軽減されるので、行動をはじめること自体がラクになります。すると行動が早くなり、さらに成果を出していくという好循環が生まれるのです。

さらには、成果を出す行動をしている自分が好きになっていきます。

point

有効な時間とのつき合い方を習慣化する

第１章まとめ

・やる気やモチベーションに依存しない
・気合や根性で先延ばし癖を直そうとしない
・他の人が自分の仕事が終わるのを待っていることを踏まえ、仕事を計画する
・「トラブルが起きても間に合う」柔軟なスケジュールを組む
・「人は忘れる」という前提に立ち、忘れたら思い出せる仕組みを作る
・「忙しい」や「がんばっている」という言い訳をやめる
・感情的に判断せずに、事実をもとに合理的に考える
・仕事の量は、完成のために与えられた時間をすべて満たすまで膨張する
・本質的に必要のないものは取り除く
・自分を変えようとせず、時間の使い方、仕事の進め方、環境、仕組みを変える

チェックしましょう！

チェックがついたら、本章を読み返しましょう

- □やる気だけで仕事をしようと思っている
- □「やらなかったら、怒られる」をベースに行動している
- □あなたの仕事の成果を待っている人がいることを考えていない
- □他人とうまく仕事をする方法を考えていない
- □びっしりスケジュールになっている
- □空き時間を予定に入れていない
- □自分の記憶に頼りすぎている
- □忘れたときに思い出させてくれる方法がない
- □何を求められているかを明確にせずに進めている
- □何でもかんでも自分でやろうとしている
- □必要がないことをしている
- □何に時間を使ったか意識していない
- □根性や気合で自分を変えようとしている
- □うまく仕事のスケジュール管理ができている自分が想像できない

第２章

アタマの切り換えを減らす

1

「切り替えコスト」を体験してみよう

「切り替えコスト」とは何か？

切り替えコストとは、ある仕事を行っているときに、別の仕事に着手する際に発生するストレスであり、浪費した時間やムダです。仕事の切り替えを繰り返すことで、脳が疲弊し、集中力が落ちるため、仕事がはかどらなくなります。

夕方に「あっ、もうこんな時間になっていた……」「仕事に集中していたつもりなのに、時間の割には進んでいなかった……」「疲れた……。でも、まだやることがある……」。このような経験は誰にでもあると思います。休む間もなく次から次へと降ってきた仕事にそのまま取りかかった結果です。

これが、あなたが払った「切り替えコスト」です。

しかし、私たちは普段どれくらいの切り替えコストを払っているかに気づいていません。時間を有効に活用していくためには、私たちが思っている以上に切り替えコストを払っている事実を無視することはできないのです。

作業の切り替え回数が増えると、あなたが払う切り替えコストも増えます。実際に切り替えコストを払う体験をしてみましょう。

切り替えが1回の場合と多発する場合のそれぞれで時間を測って、切り替えコストを比較してみてください。切り替えをすると、ムダな動きや手間が増え、時間がかかり、面倒だと感じるはずです。

▼実験1：切り替えが1回の場合

次ページのように2つの枠を用意し、上の枠に、ひらがなで「あ」から「ん」までの46文字を五十音順で書いてから、下の枠に、「1」から「46」までの数字を順番に書いてください。

▼実験2：切り替えが多発する場合

上の枠に、ひらがなを1文字書いてから、下の枠に数字をひとつ書きます。次に上の枠に戻り、五十音順の次の文字を書いてから、下枠に次の数字を書きます。このやり方で最後の数字の46まで書いてください。

どうでしょうか？　私たちは、ちょっとしたことにも、切り替えコストを払っていることが体感できたのではないでしょうか？

▼ ひらがな（五十音順）

あ　い　う　え　お　か　き　く
け　こ　……
……　ん

▼ 数字（1～46）

1　2　3　4　5　6　7　8
9　10　……
……　46

point

不必要な切り替えほど大きな害はない

2

「切り替えコスト」の払いっぱなしはありえない

それでは、仕事中に切り替えコストをいくらぐらい払っているかを考えてみましょう。

集中しているときに突然割り込みが入り、仕事を中断することがありますよね。上司から進捗を聞かれたり、同僚から質問を受けたり、あるいは顧客から電話がかかってきたりして。

その対応が終わり、集中していた仕事に戻ろうとすると、「あれ、何だったっけ？」とそれまでやっていたことを忘れてしまい、メールや資料を読み直すことがあります。

仮に1時間に1回のペースで人に話しかけられ、仕事を中断すると、どれくらい時間をロスしたか考えてみましょう。

仕事を中断してから、やっていた仕事に再度集中できるまでに5分かかるとします。１日8時間労働だとして、仕事が毎時間中断すると、１日に40分、１週間で3時間20分もロスしたことになるのです。

他人からの割り込みだけではなく、複数のソフトウェアを同時に立ち上げて使用したり、複数のタブを使ってネットサーフィンをしたり、複数の作業を瞬時に切り替えながら実行するマルチタスクなどを考慮すれば、**「1週間のうち1日分の仕事の時間をムダにしている」と言っても過言ではありません。**

1時間に何回も仕事を中断するような環境で働いていたら、とんでもない時間を失ってしまうのです。

ハーバードビジネスレビューやBBCなどの海外の研究結果や調査でも、仕事に割り込みが入ると、生産性やIQが下がるという報告がされています。

私たちは、これらの課題に真摯に向き合う必要があります。いくら手帳やToDoリストの使い方がうまくなったところで、「成果を上げて、働く時間を減らす」という根本的な課題を解決できなければ意味がありません。**仕事の効率を上げるには、切り替えコストとムダを減らすことが重要**です。

point

他の仕事に気をとられると、膨大な時間を浪費する

3

気分が良くなる「マルチタスク」は弊害をもたらす

あなたは、「マルチタスク」と聞くとどんなイメージがありますか？

「複数のタスクを同時に処理している」「マルチタスクをやっている人は、多くのことを達成している」そんなイメージではないでしょうか？

しかし個人レベルで考えれば、これは私たちの思い込みです。

マルチタスクとは、取り組むタスクを瞬時に切り替えていることです。表向きには、同時に処理しているように見えますが、実際には、複数のタスク間をせわしなく行き来している状態です。

つまり、切り替えコストが発生しているのです。

そのため、切り替える頻度が高くなると脳が疲れ、集中力が落ちます。

企画書や提案書を作っている最中に、お客様からの電話に対応すると、資料作成への集中力が途切れてしまいます。電話で話しながら、今までやっていた作業を継続しようとしても、うまくいきません。資料の読み直しや書き直しが発生し、電話で話している内容にも集中できません。聞き逃したり、聞いたばかりの話を忘れてしまい、再度聞き直すことになります。

米国スタンフォード大学のある調査では、**タスクの切り替えを過剰に繰り返すとストレスがかかり、脳細胞の破壊につながる**という報告もされています。経験的に、いろいろなことを一度に行ったり、考えたりして頭を使いすぎると、頭が疲れるだけではなく、頭が重くなったり、頭痛が起きたりするので、なんとなくわかるのではないでしょうか？

とは言え、マルチタスクは中毒のようなものです。簡単には止められません。経験上、マルチタスクをすると気分が良くなることがあります。多くのことを達成した気分になり、快感も伴うためです。

しかし、過剰なマルチタスクは作業効率を下げ、思っている以上に成果が出なくなります。個人レベルではマルチタスクをやりすぎないように注意が必要です。

point

マルチタスクをやめると集中力や効率が上がり、ミスやストレスが減る

4

「ＴｏＤｏリストで管理」という思い込みを捨てる

あなたのやるべきことを一覧にした「ＴｏＤｏリスト」は、「やりたいけど、やれていないリスト」になっていませんか？

ＴｏＤｏリストは、やるべきことが一目で確認できる便利なリストです。しかし、ＴｏＤｏリストにあるタスクがすべてなくなることはないと諦めている人は多いです。

ＴｏＤｏ管理サービスサイト「idonethis.com」によると、**「ＴｏＤｏリストにある項目の41％は永遠に終わらない」**そうです。

では、なぜＴｏＤｏリストを使っても、タスクが終わらないのでしょうか？

その主な理由は、ＴｏＤｏリストの特徴、特に予定を立てる観点で見たときのデメリットを考慮していないからです。

▼ToDoリストが教えてくれない予定

①いつからはじめるべきか

②どれくらい時間がかかるか

③いつまでに終えるべきか

また、ＴｏＤｏリストには、２、３分で終わるような簡単なタスクや１時間以上かかるタスクが混在しています。そのため、「次に何をすべきか」をその都度考えてしまうのです。

▼ToDoリストに依存すると、ついついやってしまうこと

①すぐに片づくタスクに取りかかってしまう

②重要なタスクより、直接、頼まれたばかりのタスクに着手してしまう

③なくならないタスクの多さを見て、やる気がなくなったり、ストレスを感じてしまう

ToDoリストを使うと、優先度の高い仕事を後回しにしてしまうリスクがあります。スケジュールされていない仕事は終わりません。

つまり、「何をいつやるか」を決めておけば、優先度の高い仕事はどんどん終わっていくのです。

やるべきことはすべて予定表やカレンダーに入れましょう。

作業を洗い出す上で、ＴｏＤｏリストを作ること自体は悪いことではありません。ただし、問題は「いつはじめ、いつ終わる」のか具体的な計画がないことです。

予定表に書かないと、ＴｏＤｏリストに書かれた作業をやらなければならない時間帯なのに、空いている時間と錯覚し、自ら別の予定を入れたり、他の人に予定を入れられたりすることがあります。その結果、ＴｏＤｏリストに載っている「やるべきこと」をやる時間が確保できなくなり、残業したり、締め切りに遅れたりするのです。

point

ＴｏＤｏリストに書く仕事はスケジュールに落とし込む

5

「探しもの」をする時間はムダ

「あの書類、どこにしまったかな」
「前回の打ち合わせでメモしたの、どこにいったかな」
「あのファイル、どこに保存したかな」

このように、私たちは1日に何回も「探しもの」をしています。

仮に1時間に数回、資料やデータを探し、1回探すのに30秒かかるとすると、1週間で約1時間も探しものに時間を使ったことになります。何も付加価値を生まない行為に1時間も浪費しているのです。

物理的に離れた所に資料を取りに行ったり、ソフトウェアを起動させてから情報を見るまでの時間を想像すれば、さらに時間を費やしていることがわかります。

この探す行動は、自分が思っているよりも多い。

その理由は、作業をするのに必要な資料や情報がバラバラに保管・管理されているからです。また、どこに何があるかも把握していないからです。

例えば、

・仕事の資料やフォルダをどこの棚や引き出しにしまったか覚えていない
・デスクの上や引き出しの中がごちゃごちゃしていて必要な書類やメモが見つからない
・パソコンに保存したファイルや特定のメールがなかなか見つからない

などです。**限られた時間の中で成果を出さなければいけないのに、資料やデータを探すためだけに相当の時間と労力をムダにしています。**

ムダな探しものを減らすため、ものや情報はできるだけまとめて保管し、探す行為を減らすことが重要です。また、検索自体に時間をかけないような工夫やスキルアップが必要です（詳しくは第6章を参照）。

point

自分の時間が失われている事実を認識する

6

「仕事の時間割」を作れば集中力も高まる

仕事の邪魔をされない日はありますか?

オフィスには、あなたの集中を妨げるもので溢れています。

突然の電話、上司からの呼び出し、後輩からの質問や相談、ミーティング、アポなしの来客、周りの笑い声や話し声、メール受信の通知、メッセンジャーなど、仕事の邪魔をする外的要因は多いです。これに加え、ほんの息抜きのつもりのラインやツイッターなどのSNSやネット検索で、自分が集中していた仕事から簡単に脱線してしまいます。

また、愚痴やため息を頻繁につく人が周りにいれば、負のオーラが伝染し、不快を覚え、イライラし、やる気をそがれます。

このような職場環境に慣れてしまうと、周りの人の集中を妨げている意識が弱くなり、自分自身も知らず知らずのうちに、周りの人に迷惑をかけてしまうこともあります。

伝染病かのように感染し、連鎖的に邪魔する人、邪魔される人数が増えていきます。

この現実を踏まえ、仕事に集中できる仕組みや環境を具体的に作っていくことが重要です。

自分のリズムで仕事に集中できる環境や仕組みを作ることにこだわることは、成果を出す上で非常に重要です。

そのためには、まず何に邪魔されているのかをリスト化して、見える化しましょう。次に、それぞれどれくらいの頻度で仕事を中断しているのかを考えましょう。そして、やっていることから脱線し、元の仕事に戻るまでに時間がかかる事柄を確認しましょう。

これらの事実を認識することで、具体的な対策を考えやすくなります。

簡単にできることとして、メールやメッセージの通知のポップアップ機能をオフにする、会議室などの邪魔されない場所に移動して仕事をするなどの方法があります。

さらに実践的な手段としては、仕事の時間割を作ること、つまりスケジュールを組むことです。

スケジュールを組むことで、自分のリズムで「やるべき仕事」に集中できます。

あなたの仕事を中断させる要因は何ですか？

明日以降にでも話し合えばいいミーティングに突然参加させられたり、相手だけの都合で話しかけられたり、優先度の低い案件について急遽時間を割いたりしていませんか？

予定を自分から立てていくことで、このような突発的な用件による仕事の中断を減らすことができます。


単純に「ノー」と断るわけではありません。

例えば、「優先度の高い○○の仕事を今日の午後3時までに終わらせなければいけないので、それ以降なら大丈夫です」と自分の都合のいい時間帯を提案するのです。自分の予定を共有し、空いている時間を周りの人に知ってもらうことで他からのジャマが減ります。


提案しにくい職場であれば、普段からまとまった空き時間を予定しておくとスケジュール調整がしやすくなります。この時間帯は休憩時間というわけではなく、自由に仕事内容を選べることにしておけば、ミーティングに参加したり、できなかった仕事をやったりと、柔軟に対応することができます。

大事なことは、**相手から言われて反応するのではなく、自ら予定をコントロールすることです。**

そうすることで、集中力が増し、仕事の効率や生産性を上げることができます。頭の切り替えを減らし、ムダや疲労感も減らせます。

効果が体感できれば、さらに時間を有効に利用するために自分のスケジュールをコントロールしたいという気持ちになり、好循環が生まれます。

point

仕事がしやすい環境を自ら作っていく

7

「1日は480分しかない」と考える

仕事の予定を見てください。多くの予定が1時間で設定されていませんか？

多くの人が何も考えずに1時間単位で予定を立てています。

私は、これを**「1時間病」**と名づけています。

1時間病の人は、総じて結果への意識が低いです。本来、成果ややり遂げるべきことを踏まえて、何をいつまでに達成すべきかを考えなければなりません。しかし、ミーティングや仕事の予定を立てるとき、そこで決めるべきことや、やらなければいけないことよりも、ついつい、とりあえず時間を確保しようと、1時間を設定してしまいます。

時間は限られています。

1日の就業時間が8時間だとすれば、何も考えずに設定されたミーティングや予定が4つあるだけで、1日の半分が奪われてしまいます。このどんぶり勘定的な時間のとられ方を変えていく必要があります。

シンプルな対策は「1時間」という言葉の使用を禁止し、分単位でスケジュールを考えてみることです。

すると、１日の終業時間は４８０分しかないことに気づかされます。さらに予定を入れはじめると、４８０分もあった時間が、すごい勢いで０に近づいていきます。今までの大雑把な時間感覚ではマズい、貴重な時間が失われていると感じるはずです。

要するに、**時間は「天引き」で考えると、重みが変わってきます。**

さらに、時間感覚をさらに鋭くするために、60秒で何ができるか考えてみてください。

例えば、お礼の返信メールをしたり、簡単な問い合わせメールを返したり、ＳＮＳやメッセンジャーを確認したり、名刺交換した人の情報を登録したり、アイデアを考えたり、いろいろなことができます。

この60秒の可能性をぜひ体験してください。

今まで以上に、仕事における体感速度を高めることができます。

point

時間の単位を分や秒で捉える

第2章まとめ

・想像以上に切り替えコストを払い、時間を浪費している事実を無視しない
・切り替えコストとムダを減らすことが仕事の時間管理の成功要因
・自分の仕事の特性を理解し、注意散漫になるマルチタスクと向き合う
・付加価値を生み出さない「探しもの」を減らす
・仕事に集中できる仕組みや外部環境を作ることにこだわる
・仕事のスケジュールを組むことで、目の前の仕事に集中できる
・「時間は有限だ」と自覚した瞬間から、あなたは変われる

チェックしましょう！

チェックがついたら、本章を読み返しましょう

- □何気なく頭を切り替えてしまう
- □集中力がしょっちゅう落ちる
- □複数のソフトウェアを同時に立ち上げすぎている
- □仕事の中断後、メールや資料を読み直している
- □マルチタスクで注意散漫になっている
- □その都度、頭の中でスケジュールを組んでいる
- □優先度の高い難しい仕事を後回しにしてしまう
- □メールやファイルがなかなか見つからない
- □必要な紙の資料が手の届くところにない
- □邪魔されない場所や時間帯を作れない
- □自分のリズムで仕事ができていない
- □ミーティング時間は1時間だと思っている
- □残された時間を意識していない

第３章

仕事の
スケジュールを組むための
「仕分け術」

1

手帳より便利な「デジタルカレンダー」

仕事のスケジュール管理は、手帳を含むアナログなやり方よりも、グーグルやアウトルックなどのデジタルカレンダーのほうが便利です。

アナログなやり方に問題があるというよりも、「デジタルなやり方によるメリットを享受できない」というデメリットが大きいのです。

▼デジタルカレンダーのメリット

①リマインダーやアラームの通知機能で忘れ防止

予定を前もって知らせてくれるため、締め切りを見逃しません。自分から確認する必要はなく、個人秘書を雇っているようなものです。

②繰り返しの予定を入れるのがラク

定例ミーティングや毎週行われる予定を入力する手間が減ります。最初に一度予定を作れば、残りの予定は自動的に作られます。

③ 他人との時間調整がラク

スケジュールを共有することで、お互いの空き時間を確認でき、スケジュール調整が容易になります。時間変更も簡単にできます。

④ 予定の詳細も簡単に確認できる

予定だけではなく、その予定に書き込んだメモや関連資料もすぐに確認できます。

⑤ いつでも、どこでもスケジュール管理ができる

スマホから簡単にアクセスできます。わざわざスケジュール帳を持ち歩く必要はありません。

⑥ 複数のカレンダーを使い分けることができる

カレンダーを「仕事（個人）」「仕事（チーム）」といった項目ごとに管理できます。カラーで分類分けができ、見たいカレンダーだけを表示することもできます。

⑦「退社時間」の意識が持てる

ＴｏＤｏリストとは違い、退社時間が視覚的にわかります。「今日もこの時間までに帰ろう！」という意識が持て、集中力も上がり、作業スピードも速くなります。

パソコンやスマホを普段から使っている人であれば、仕事のスケジュール管理において、アナログなやり方にこだわる必要はないと思います。もし抵抗があるのであれば、それは「慣れ」の問題です。

新しいことに挑戦しようとすると、多くの人は不安になり、やらない理由を先に考えてしまいます。

デジタルカレンダーは手書きと比べて入力に時間がかかるとか、人前で使うのはちょっと体裁が悪いなど、もっともらしい理由を考えて、デジタルカレンダーを試そうとしないのではありませんか？

しかし、効率良く仕事をする上で、デジタルとアナログなやり方、それぞれのメリットとデメリットを客観的に比較検証してみてください。定例会議の予定入力、スケジュール変更による修正、予定の詳細確認などのケースで考えましょう。

スケジュール管理の手間やムダを減らせ、締め切りの忘れ防止もしてくれるデジタルカレンダーを利用しないのは、もったいない。

技術の進歩により最善なやり方は変わります。実践的かつ合理的に考え、時代に合わせて過去に身につけた知識ややり方をアップデートする必要があります。

デジタルカレンダーを活用して、効率良くスケジュールを整理し、仕事で成果を出していきましょう。

point

デジタルカレンダーのメリットを最大限に活かす

2

すべては「作業仕分け」からはじまる仕分け①：何をすべきか？

仕事のスケジュール管理は、作業やタスクを「仕分け」するところからはじまります。せっせと目の前にある作業をすることではありません。限られた時間内で、成果を上げるために「的」を絞ることが大切です。**集中すべき先を決める**のです。

▼やらないことを決めると、やるべき仕事に集中できる

仕事が遅くなる原因のひとつに、仕事の抱え込みすぎがあります。あなたはどうですか？今抱えている仕事は、本当にあなたがやるべき仕事ですか？ 少し考えてみてください。

もし成果に影響しない仕事であれば、今すぐにやめてください。

責任感のあるあなたは、今までやってきたから、自分でやらなければいけないと思っているかもしれません。しかし、やるべきことに焦点を当てるということは、他の仕事に対して、「ノー（＝やらない）」と言うことです。

あなたが本来やるべき重要な仕事に集中するために、目の前の業務にすぐに取りかかる

のではなく、あえて「他の人にお願いする」ことから考えるべきです。**自分以外の人ができること、ルーチンワークのような単純作業などを他の人にお願いしていくのです。**そのためには、誰でもその業務ができるように**標準業務手順書やマニュアルを用意する**ことが重要です。

作成のポイントは、業務の詳細を相手に理解してもらうことではなく、書いてあることをやれば、誰でも同じ成果を出せるようにすることです。

可能であれば、外部の業者に委託できるとベストです。

最終的に、他の人にお願いしなかった仕事や、支援してもらえなかった仕事、それがあなたのやるべき仕事です。

▼人にお願いできない原因は、あなたの考え方にある

他の人に頼みごとができない。周りの人にお願いができない。そんな悩みを抱えている人は意外に多いです。その根本的な理由は、頭のどこかで「自分から助けを求めたくない」という変なプライドや考えを持っているからです。

「無知な人、できない人」だと思われたくない、「頼むと嫌がられる」からお願いしたくない、

あるいは教えるのが面倒だから任せたくないなど、さまざまな理由で自分から他の人に支援を求めようとしません。結果として、仕事を抱え込んでしまい、仕事が遅くなります。

個々の作業云々よりも、すべての仕事の生産性という大きな視点で考えましょう。

自分自身がボトルネック、つまり、遅れの原因を作っている主犯格であることを認めることが第一歩です。

「私は一生懸命がんばっている。真面目にやっている」という根性論で感情的に反論するのではなく、遅れている、ギリギリになる、アタフタする、バタバタしている、そんな事実や原因をしっかりと認識することが大事です。

そうすることで、具体的に改善することが可能になります。

▼依頼の仕方を改善すると、うまくいく

仕事の依頼の仕方や伝え方を見直すのも重要です。

海外の人と仕事をすると気づくのですが、**日本人は総じて依頼の仕方が下手です。**依頼者は言葉が足りなかったり、やり方を中心に説明するため、期待しているものと違う成果物になることがあります。

これは依頼者が自分の中で「当たり前」「普通」「常識」と思っていることをキチンと説明していないからです。また成果として具体的に何を求めているかを説明するのではなく、やり方の説明に比重を置いてしまうからです。

そして、依頼した仕事がうまくいかないと、依頼者は「担当者の知識や能力がない」とか、「私たちは、ずっとこのように仕事をしてきたのに、なぜできないのかわからない」など、もっともらしい言い訳や相手に非があることを強調し、誤魔化します。

これは、ハッキリ言ってしまえば、依頼者の力不足です。**何を具体的に求めているのか、いつまでに完成させるのかを明確にし、依頼することが重要です。**

また、依頼するだけではなく、自分が得意なことや好きな仕事については、他の人をできるだけ支援する意識を持つことも大切です。特にやるべきことが多いときは、それぞれの得意分野を活かし助け合うほうが、あなただけではなく全員にとって効率が良く、時間短縮につながります。

point

他の人に支援してもらい、何でもかんでも自分でやらない

3

仕分け②：いつはじめ、いつ終わるのか？

やるべきことを絞ったあとは、いつやるかを決めて、カレンダーに予定を入れます。**ポイントは、「今すぐやる」と「健全な先送り」をかけ合わせることです。**

本項ではどのように仕事を仕分け、カレンダーへ入力するのかを説明していきます。

カレンダーへ予定を入力する仕分けの方法は3つあります。

① 5分以内に終わる仕事なら、すぐにやる

その場ですぐにやってしまえばあとがラクなのに、なぜか躊躇してやらず、あとで苦労する。そんな経験はありませんか？

例えば、メールがきたら「どう返そうかな」と考え、相手があなたに求めていることよりも、返事の仕方や書き方により注意がいってしまう。そうこうしているうちに、次の予定が迫ってきたり、割り込みの仕事が入ったりして、メールを返信できず、あとで見直して送ることにする。しかし気づけばメールはずっと放置され、すっかり忘れてしまう。相手からの催促で思い出し、慌てて返事をする。

これに似たような経験をした人は多いと思います。

すぐできることを今やらないと、時間が経てば経つほど、仕事の利子がついてきます。 １００やるべきことが、１１０、１２０と増えていく感じです。気づけば借金まみれの状態です。つまり、溜め込んでしまうとやるべきことが増え、すべてが後手に回ります。

そのため、**基本は、「今すぐやる」**です。

今すぐにやってしまえば、あとからアタフタ、バタバタすることが減ります。仮に急ぎの仕事が入っても柔軟に対応することができます。

② 締め切りがあり、15分以上かかる仕事やミーティングなら、通常のカレンダーに予定を入れる

今すぐにやらなくてもいい仕事は、一旦、忘れてもいい仕事です。

やらなくてもいい仕事に注意を払ってしまうと、本来、やるべき仕事への集中を妨げてしまうからです。**優先度の低い仕事をあと回しにすることが重要です。**

つまり、今やるべきことに集中するために、健全な先送りをするのです。

この判断をするために確認すべきポイントは２つあります。

（１）その仕事に締め切りがあるか

（２）その仕事を終えるのに15分以上かかるか

もし締め切りが明確で、所要時間が15分以上かかるなら、通常使っているカレンダーに予定を入れましょう。ミーティングの予定も同様です。

時間がかかる大きな仕事や、なかなか進まない仕事は、細かく分解しておくと進捗管理がしやすくなります（詳しくは１０２ページ参照）。

また**アラーム機能のリマインダーを設定し**、「すっ

カレンダーへ予定を入力する手順

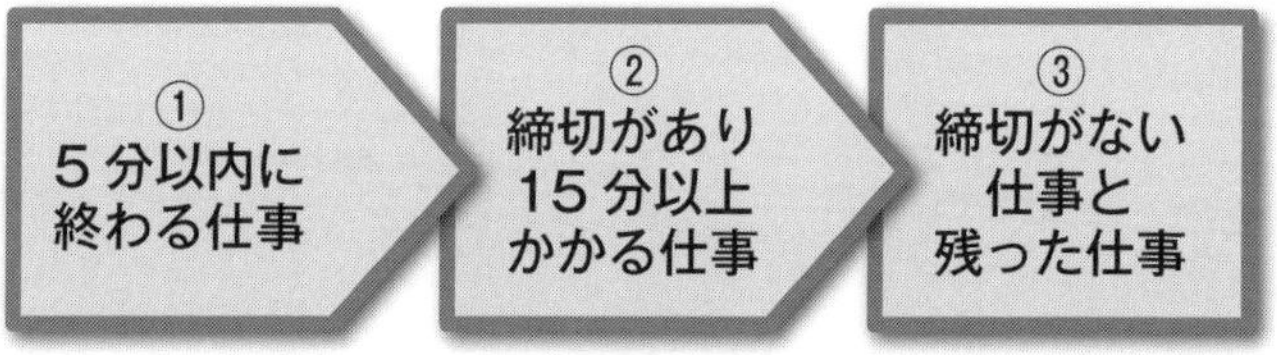

すぐにやる！

通常のカレンダー
に入れる

［タスクリマインダー］
カレンダーに入れる

かり忘れてしまった」を仕組みで減らしましょう。開始時や締め切りなど注意すべきタイミングで、自動で通知してくれる仕組みを作ることが重要です。

③ 締め切りがない仕事や、その他残った仕事（①と②に該当しない仕事）を「タスクリマインダー」カレンダーに入れる

デジタルカレンダーのメリットのひとつは、用途や目的に応じて、複数のカレンダーを使い分けることができることです。この機能を活かして、今すぐやらなくてもいい仕事を効率良く管理していきます。

まず、通常使っているカレンダーとは別に、「タスクリマインダー」というカレンダーを

通常カレンダーと「タスクリマインダー」を同時に表示

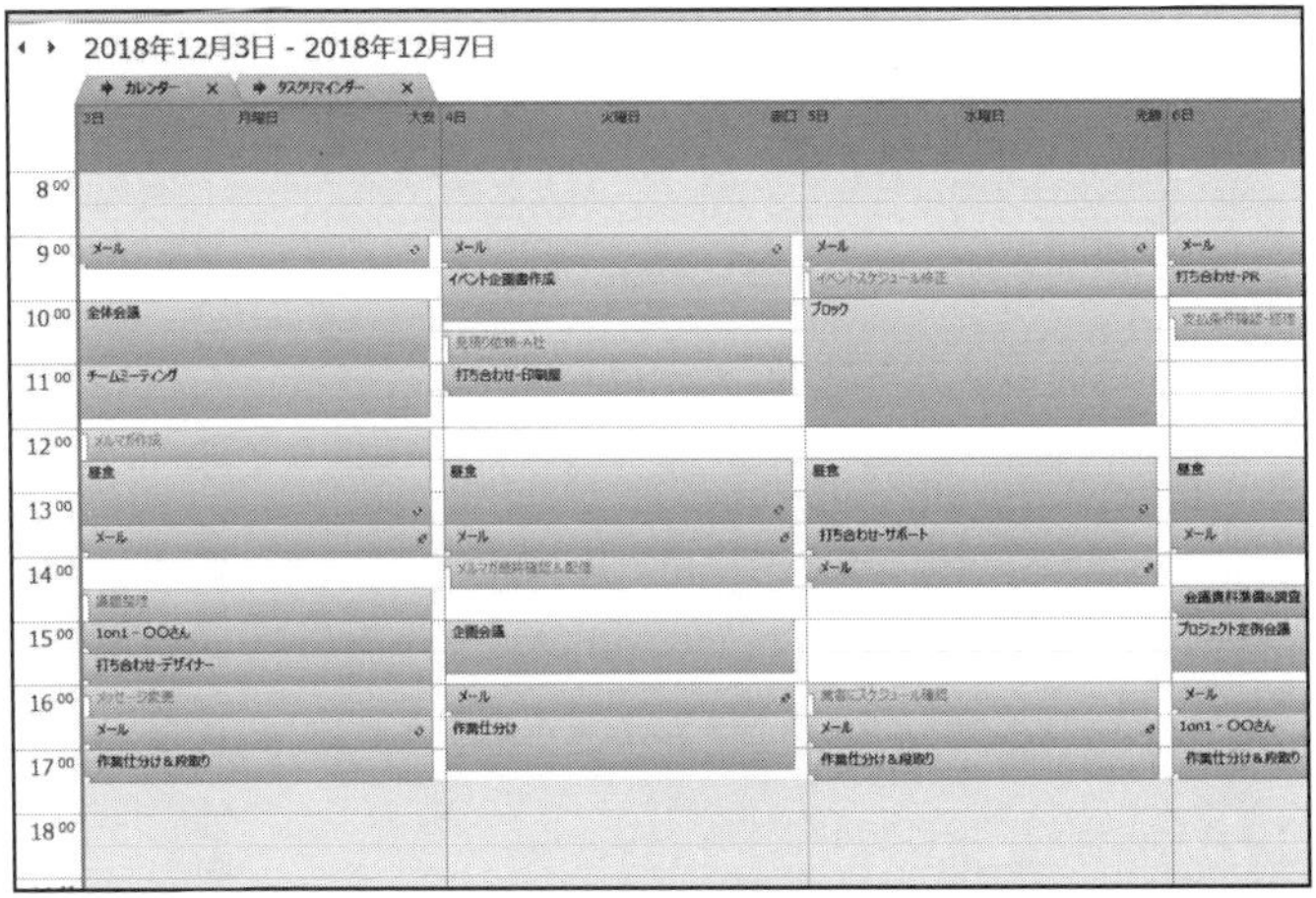

Microsoft Outlook の場合

作ります。このカレンダーには①や②に当てはまらない、残っているすべてのタスクの予定を入れます。

通常のカレンダーとの違いは、**スケジュールを組む上で、リスケ対象になりやすい仕事が入っているということです。**

つまり、もし急ぎの仕事が入った場合は、「タスクリマインダー」カレンダーに入っている予定を動かし時間を作ります。

やるべきことが複数あって、それぞれの仕事が10分ぐらいで終わるようなものであれば、50分の作業予定を立て、この**予定の詳細にやるべき一覧、つまりＴｏＤｏリストを記入して進めるのも有効です。**

なお、カレンダーに予定を詰めすぎるとリスケが難しくなります。まとまった空き時間を週に2、3確保しておくとスケジュール調整がラクになります。

point

今やるべきことに集中するために後回しにする

4

仕分け③：「タスク置き場」をどこにするか？

タスク置き場とは、やらなければいけない仕事やタスク、それに関連する情報や資料などが保管・管理されているところです。

例えば、机の上、引き出し、棚、業務フォルダ、手帳、ノート、裏紙、カバン、名刺入れ、領収書が入った財布などです。

また、物理的なところ以外にも、頭の中、メールのＩＮＢＯＸ、パソコンの各フォルダ、スマホ（会社用、プライベート用）、メッセンジャー、専用業務ソフトなどです。

そのタスク置き場に、メール、作業、アイデア、メモ、ＴｏＤｏなどの、まだ処理されていないものが集められている感じです。

ここでいう「処理されていないもの」とは、本章で紹介している「作業仕分け」がされていないものという意味です。

つまり、「何をすべきか？」「いつはじめ、いつ終わるのか？」「どこのタスク置き場で管理するのか」を決めていないものです。

タスク置き場の数が多いということは、作業をするのに必要な資料や情報がバラバラに保管・管理されているということです。つまり探すのに手間と時間がかかるということです。ミスやモレにもつながります。

まずは、あなたの現状を把握し、タスク置き場の数を減らすことを考えましょう。詳しくは、第6章で紹介します。

point

探しものに莫大な時間をとられる管理法はしない

5 作業仕分けの時間を設ける

本章で紹介した作業仕分けを試しにやってみてください。すると、自分の仕事の進み具合や調子がいいと感じるときは、作業仕分けがある程度できていたときだと気づくと思います。

要するに、**作業仕分けをしっかりすれば、ムダを減らし、本当にやるべき仕事に集中できるため、効率良く成果を出すことが可能になります。**

最初は、「作業仕分けにかける時間すらない」と思うかもしれません。また作業仕分け自体に時間を割くことに不安を覚えるかもしれません。

しかし、実際には、あなたはすでに似たようなことをやっています。誰もが、何をやらなければいけないのか、いつやるべきなのか、どこに関連情報や資料を置いておくのかなどを考えています。

問題は、多くの人が山積みの仕事を手当たり次第片づけようとしていく中で、その都度、考えていることです。

そこで、意図的に作業仕分けの時間を設け、集中し、今やっている非効率のやり方を改善していきます。

まずは毎日朝一番か帰り際の30分〜1時間を、誰にも邪魔をされない時間として確保し、作業仕分けを試してください。もし毎日するのが難しい場合は、週の最後、金曜日にまとめて数時間を確保してもいいでしょう。

慣れてくると、もっと短い時間で作業仕分けできるようになります。タスク置き場の数も5つぐらいに減り、ムダが激減します。不必要な作業も減り、成果を出すための仕事に集中できます。

あなたの仕事のスケジュールや進め方が改善され、短期間で成果を出せるようになります。

point

無計画にやっている作業仕分けを意図的に行う

6

作業名を名詞で考えると何をすべきか明確になる

作業仕分けの最初のステップで、「何をすべきか」を明確にしますが、作業名をシンプルにわかりやすく表現することが大切です。

そこで、注意したい点が２つあります。

ひとつ目は、**予定を入れる際は曖昧な言葉を使わないこと。**

例えば、「検討する」です。これは頭で考えることであり、抽象的な表現です。人により、何を話し合い、何を決めるのか解釈や意味するものが違います。誰もが同じ認識を持てるように、具体的に行動を書く必要があります。

２つ目は、**その行動により何を成し遂げるのか、どのような状態になりたいのかを明確にすること。**

作業やタスクを実行することで得られる成果を具体的にすることが重要です。何を作るのか、何を結果として求められているのか、どういうものが得られるのか、つまり名詞で成果を考えると、何をすべきかがより明確になります。

例えば、スケジュールに「顧客満足度を調べる」と入れるのではなく、「顧客満足度調査報告書の作成」と入れることで、報告書を作る意識が持てます。すると、この報告書には何の情報が必要なのか、つまり成果物の要求事項は何かを考えるキッカケになるため、何をやるべきかがより明確になります。

これを繰り返すと副産物として、他の人とのコミュニケーションもうまくできるようになっていきます。

point

作業の成果物を常に考えよう

行動が曖昧な表現

検討する、考える、管理する、把握する、確認する、チェックする、協議する、話し合う、議論する、調整する、調べる、研究する、勉強する、覚える、努力する、徹底する、実践する、実行する、実施する、遂行する、推進する、進める、活用する、協力する、支援する、助言する、迅速化する、明確化する、円滑化する、共有化する、向上する、企画する など

7

「デジタルカレンダー」で管理すると「忘れ」が減る

「今日は、やるべきことを終わらせて定時で帰るぞ！」と気合を入れて仕事をはじめます。順調に仕事をこなして、さあ帰ろうとしたときに、「あ、しまった」。タスクの対応やメールの返信漏れに気づき、「どうしようかな。今日やるか、明日朝一番にするか」迷う。

あなたは、このような経験をしたことはありませんか？

このような問題が起こる理由は大きく２つあります。

ひとつ目は、**タスクがいろいろなところで管理されているため、すべてのタスクをまとめて把握できないこと。**

仕事量が増えてくると管理が難しくなります。特に、メール、カレンダー、手帳、ＴｏＤｏリストなど、さまざまなところでタスクを管理していると、見逃したり、対応漏れが発生します。

２つ目は、**やるべきことを、いつはじめて、いつまでに終わらせるのか、時間の割り振りができてないこと。**

これらのことを踏まえ、具体的に対策する必要があります。

基本的には、**デジタルカレンダーを使って、時間軸でタスクを管理していきます。**

タスクには必ず締め切りがあり、やりはじめるべきタイミングがあります。そのため、タスクや作業をバラバラに管理するのではなく、時間を軸に考えるとすべてがつながります。

また作業仕分けのときに、同じ業務や似ている作業をまとめて処理できるように予定を立てると、その都度、準備や段取りを行う手間が減り、時間のムダを省くことができます。

例えば、電話する時間帯を決めて、アポ取りや業務連絡や確認などを「電話をする仕事」として一気に処理したり、データ入力関連の作業をバラバラに行わずに、連続して処理するようにします。

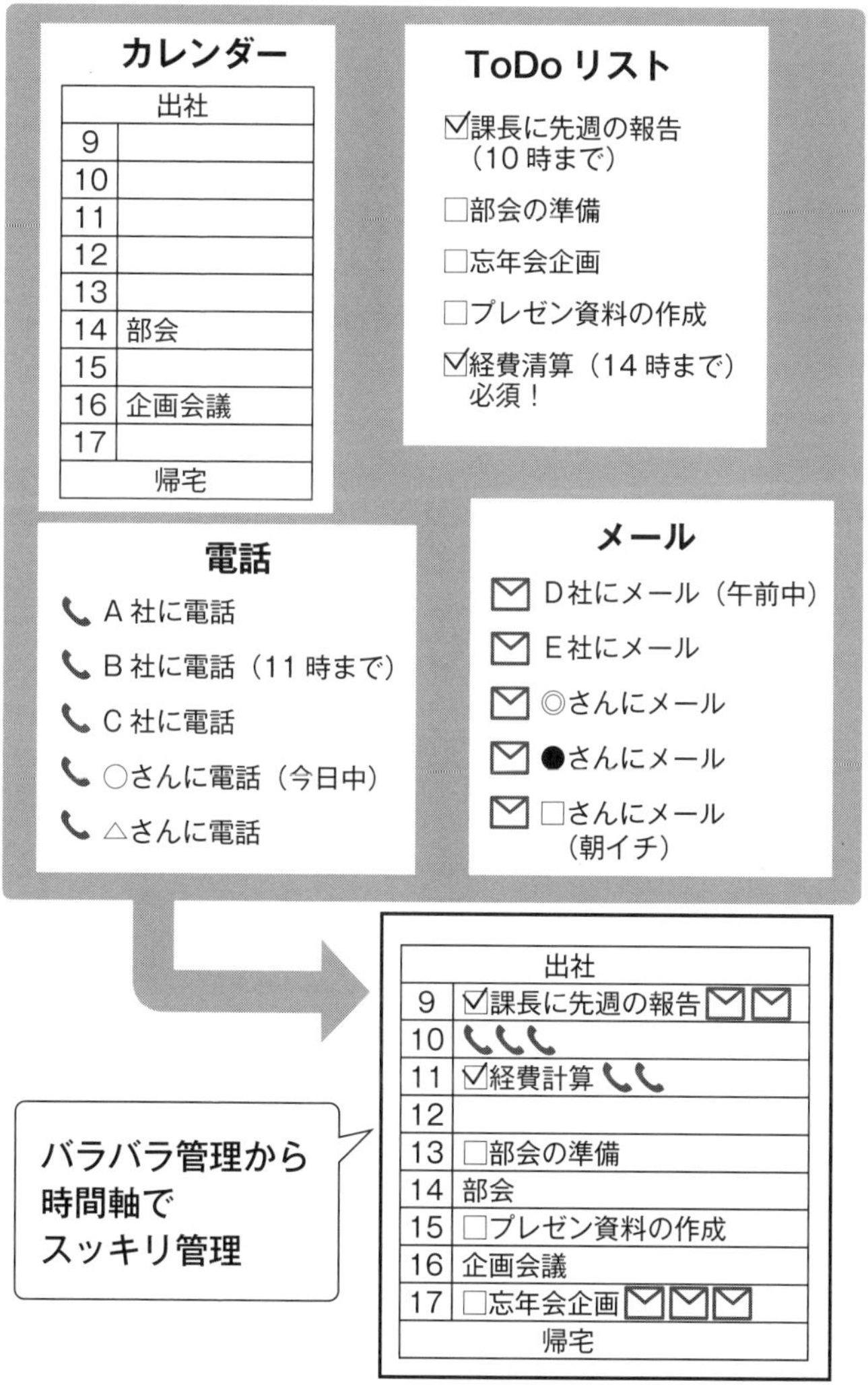
カレンダー
出社
9
10
11
12
13
14 部会
15
16 企画会議
17
帰宅
ToDo リスト
☑課長に先週の報告（10 時まで）
□部会の準備
□忘年会企画
□プレゼン資料の作成
☑経費清算（14 時まで）必須！
電話
A 社に電話
B 社に電話（11 時まで）
C 社に電話
○さんに電話（今日中）
△さんに電話
メール
D 社にメール（午前中）
E 社にメール
◎さんにメール
●さんにメール
□さんにメール（朝イチ）
出社
9 ☑課長に先週の報告
10
11 ☑経費計算
12
13 □部会の準備
14 部会
15 □プレゼン資料の作成
16 企画会議
17 □忘年会企画
帰宅
バラバラ管理から
時間軸で
スッキリ管理

やるべきことをカレンダーに紐づけることで、いつ何をすべきかが明らかになり、行動に移せるのです。

要するに、**学校の授業と同じように時間割表に基づいて、シンプルに行動することができるようになるのです。すると目の前ことに集中できます。**

授業のチャイムのように、デジタルカレンダーのリマインダー機能を使い、やるべきことを忘れず、時間に遅れないようにすることが重要です。

point

似ている作業をまとめて行えるように、時間を割り振る

似ている作業はまとめる

出社	
9	メール
10	企画書作成（セミナーA）
11	データ入力
12	
13	打合せ
14	電話
15	データ入力
16	企画書作成（セミナーB）
17	電話＆明日の準備
帰宅	

➡

出社	
9	メール
10	企画書作成（セミナーA＆B）
11	（10と同じ枠）
12	
13	打合せ
14	電話
15	データ入力
16	（15と同じ枠）
17	電話＆明日の準備
帰宅	

8

ベストは「3つの目」で見られるスケジュール帳

３つの目とは、鳥の目、虫の目、魚の目です。

「鳥の目」は全体を把握する目、「虫の目」は目の前のことを詳しく見れる目、「魚の目」は物事の流れを見る目です。この３つの目を瞬時に切り換えられるのが、デジタルカレンダーです。

鳥の目のように年間、月間あるいは週間の予定を見ると、特定のタスクや作業だけにとらわれず、仕事全体が見えるようになります。

仕事が集中している時期の把握、スケジュールや負荷の調整、ある予定の事前準備の有無の判断、空き時間を簡単に探せるなどのメリットがあります。

予定を外出、打合せ、自分のタスクなど種類ごとに、あるいは優先度ごとに色分け管理していれば、カレンダーをひと目見ただけで直感的に予定がわかるメリットもあります。

見たい表示形式に簡単に変更できる

月

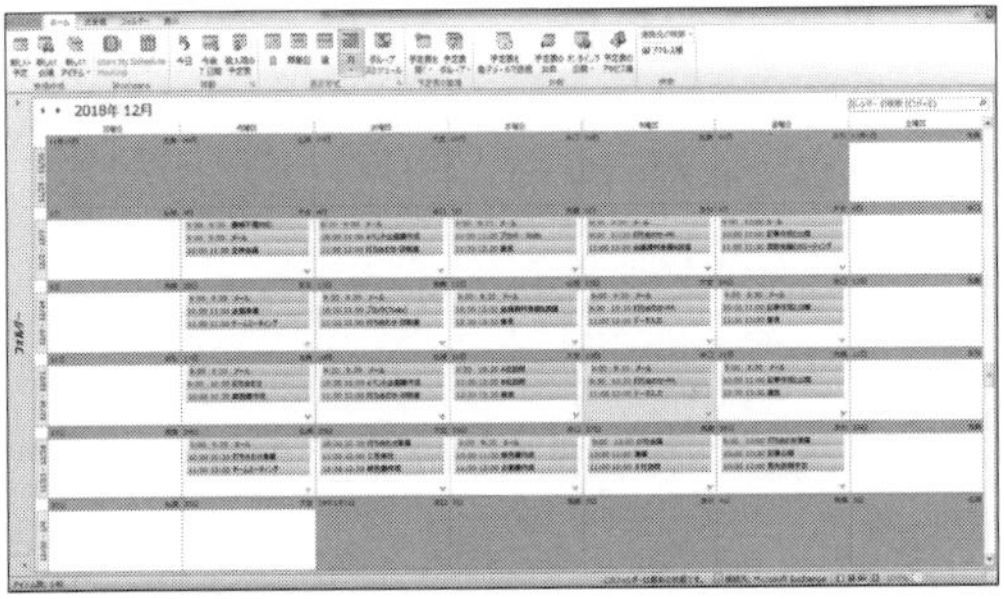

週

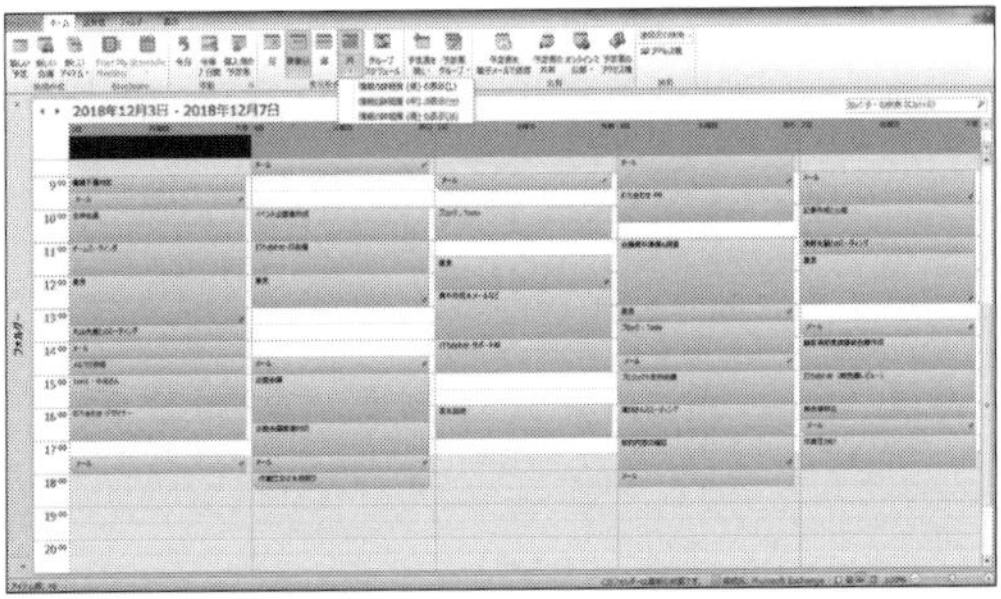

日

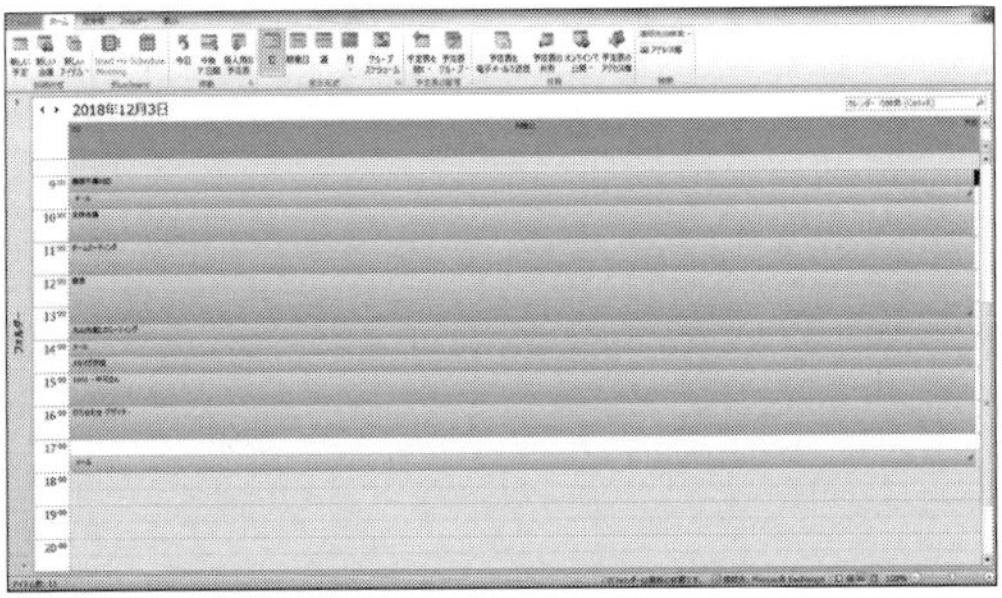

Microsoft Outlook の場合

デジタルカレンダーであれば、クリック操作で簡単に鳥の目から虫の目に切り替え、タスクや予定の詳細を確認することができます。

例えば、ミーティングの予定の詳細を見れば、このミーティングで決めるべき項目のリストやアジェンダ、それに関連する資料や情報を確認することができます。

また**魚の目で月間のスケジュールを見たり、過去と最近のスケジュールを見比べることで、仕事の流れや傾向の把握、空き時間や余裕具合を掴めます。すると仕事のスケジュールを臨機応変に変更することができるのです。**

さらに、自分に合うスケジュールの組み立て方改善にもつながります。

point

いろいろな視点からスケジュールを見られるようにしておく

第３章まとめ

・仕事のスケジュール管理は、手帳よりデジタルカレンダーのほうがメリットは大きい
・やらないことを決めて、やるべき仕事に集中する
・「今すぐやる」と「健全な先送り」をかけ合わせて、スケジューリングする
・バラバラに管理されている資料や情報を一元的に管理すると、探す手間と時間だけでなく、ミスやモレも減る
・仕事のスケジューリングは、作業仕分けからはじまる
・予定名に成果物を書くと、何をすべきかがより明確になる
・カレンダーを中心に時間軸でタスクを管理する
・目的や用途に応じて、スケジュール管理を切り替える

チェックしましょう！

チェックがついたら、本章を読み返しましょう

- □「いつやるか」を計画していない
- □頑なにデジタルなやり方を否定している
- □自分の役割を考えずに、仕事を進めている
- □助け合う精神が欠けている
- □仕事を溜め込んでいる
- □先送りが悪いことだと決めつけてる
- □頻繁に仕事を中断している
- □今やっていることは本当にやらなければいけないことかどうかわからない
- □作業を仕分ける時間をとっていない
- □やるべき作業を予定表に書く際、曖昧な表現になっている
- □やることをバラバラに管理している
- □似たような作業や関連する作業をまとめていない
- □仕事全体ではなく個別の作業の負荷だけを見ている
- □予定の詳細確認にてこずっている

第４章

「いつまでに」を癖にする「デッドライン」の守り方

1

「遅れグセ」がつくと、あなたの評価は下がる

「少し提出が遅れます」

この「少し」の代償は少しではありません。

約束した期限である「デッドライン」を守れないと評価はマイナスです。デッドラインに間に合わない人は、約束を守れない人です。

遅れグセがある人は、約束を破る常習犯です。周りの人から信用されていません。

事実、約束を破られた人に話を聞くと、「あー、彼はいつもそうだから」とか「そのうちやるんじゃない」と完全に他人事です。締め切りを守ってほしいという期待はなく、関心すら持たない状況になっています。

これは相手の期待を低くする戦略でも何でもありません。単純に仕事したい相手として見なされていないのです。むしろ、信頼がおけない理由で、拒否されている可能性もあります。

遅れグセのある人は、他人からの評価という前に、信用、信頼を失っていることを素直にかつ真剣に受け止めるべきです。

そして、計画通り予定を進め、自分との約束を守ること、タスクを締め切りまでに終わらせ、他人との約束を守ることが大切です。

ここで注意したい点は、**約束を守るために、持っている時間とやるべき仕事量のバランスをとる**ことです。それを踏まえてスケジュールを組むことが重要です。

point
いつも遅れる人は信用されない

持っている時間とやるべき仕事量のバランスは取れていますか？

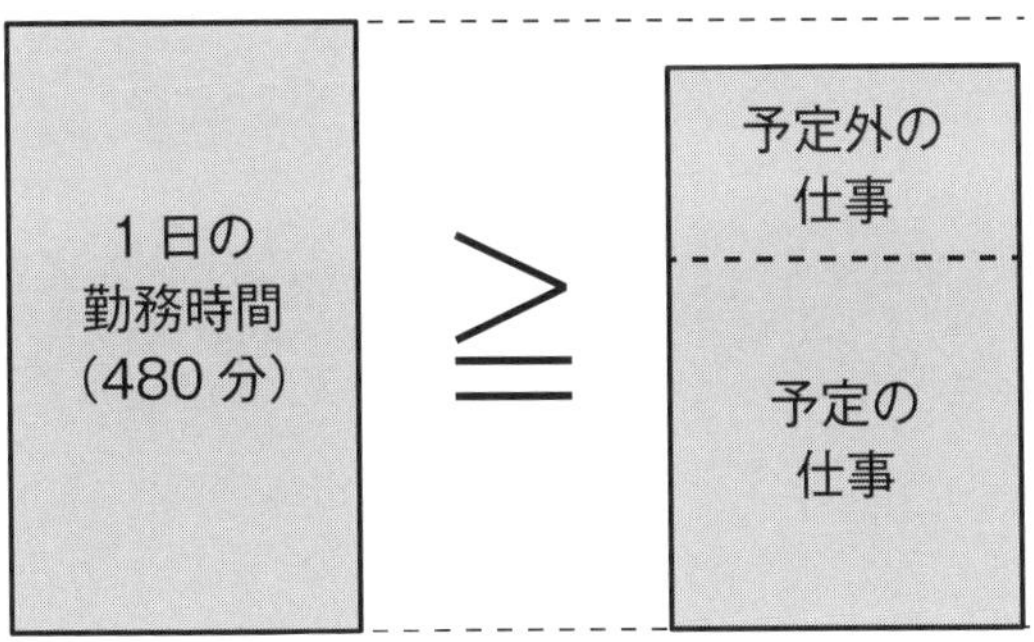

2

仕事の「優先度」は「緊急度」と「重要度」だけで決めない

よく言われている「仕事の優先順位は、緊急度と重要度をもとに決める」という考え方は、実は現場でがんばっている私たちには当てはまらないことがあります。

その理由は、**緊急度や重要度自体、自分ですべてコントロールできない**からです。つまり、会社や上司が決めることが多いのです。

現実的かつ実践的な優先順位は、締め切りであるデッドラインをもとに逆算すると決まります。その際、その**仕事にかかる所要時間と他の人への依存（例えば、上司への確認、レビューの依頼）も考慮する必要があります。**

仮に3つの仕事を受け持っているとします（次ページ上図参照）。それぞれデッドラインは違います。各作業にかかる所要時間を見積もり、逆算して着手する順番を決めるのです。

すると、3つの仕事の優先順位が見えてきます。最初にデッドラインが迫っている仕事Bをやります。次は仕事Cではなく、所要時間がかかる仕事Aを先にはじめる必要がある

デッドラインから逆算して作業を決める

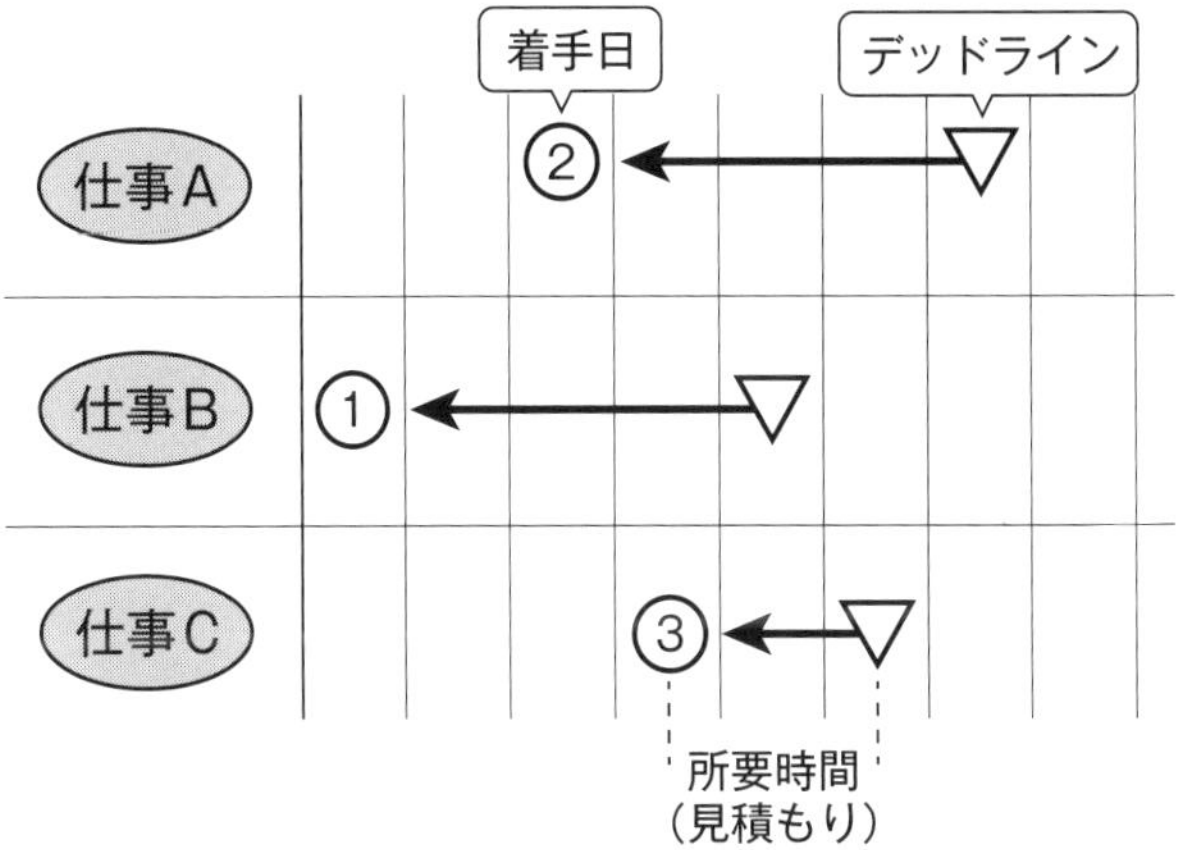

自分ではコントロールできない依頼作業は作業期間に余裕を持たせると安全

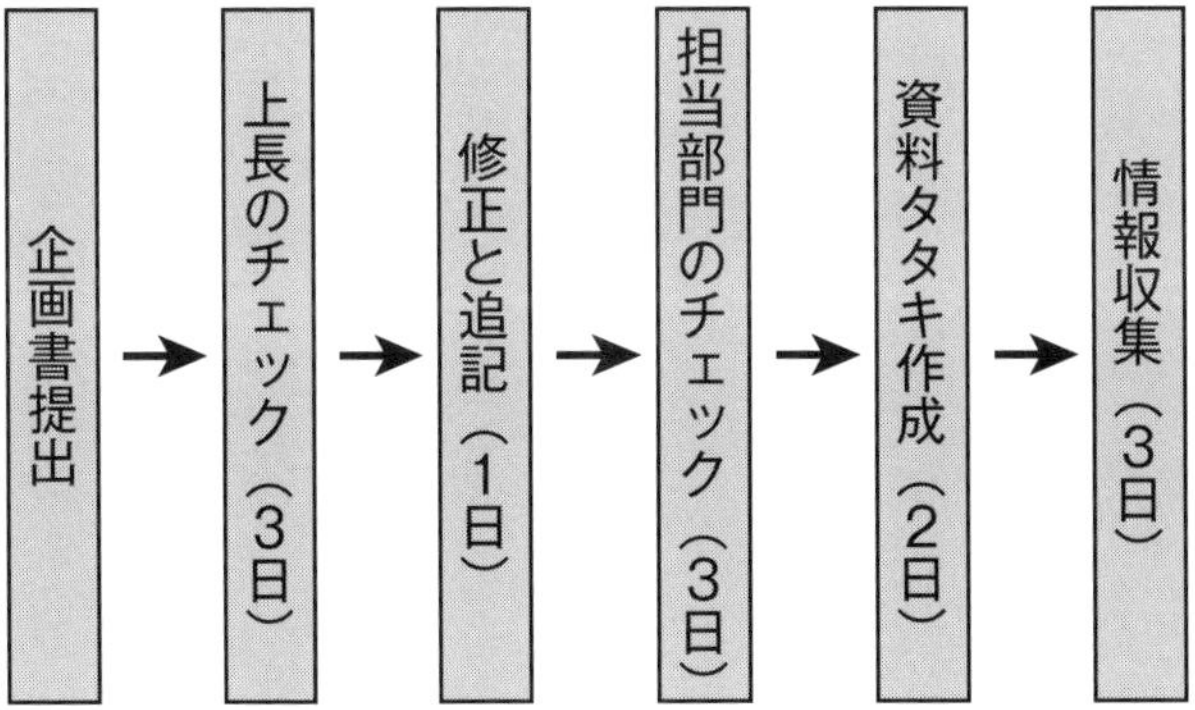

ことがわかります。

また、ひとつの仕事を細かく分割してデッドラインから逆算していくことで、他の人への依存も考慮しやすくなります。

仮に「企画書を提出する」という仕事のスケジュールを設定するとします。(前ページ下図参照) まずは、「企画書の提出」をゴールとして、そこからすべきことを洗い出します。また各作業の所要時間を見積もります。

ここで担当部門のチェックと上長のチェックの作業が自分ではコントロールできないため、作業期間の見積もりを3日間と少し長めにして、スケジュールを設定します。

すると、12営業日が必要になるため、最終締め切りから3週間ほど前にはじめる仕事だということがわかります。

ここまでわかれば1、2週間前からはじめようと漠然と思い、締め切り前にバタバタする、ということがなくなるのです。

point

デッドラインから逆算し優先順位を決める

3

「やってみよう」を引き出す「デッドライン」

デッドラインとは、必ず間に合わせなければいけない締め切りのことです。私たちは「締め切り」や「期限」という言葉を聞くと、あまりいいイメージを持たないかもしれません。しかし、実際には仕事で成果を効率的に出すためには必要です。**デッドラインがあることで、「そのうちやろう」という悪い先延ばしを避けることができ、「はじめないといけないよ」という心理的な後押しもしてくれます。**

学生の頃、試験中にすべての問題を解かなければいけないと思うと、目の前のテストに集中しようという気になりましたよね。あの感覚です。デッドラインがあると、今まで以上に目の前の仕事に集中でき、仕事を早く終わらせることができます。

自分の中で本来のデッドラインより少し厳しめに時間を区切ると、仕事はうまくいくことが増えてきます。

前倒しを試みることは、自分を苦しめるのではなく、「とりあえず、はじめてみる」を

促します。仕事の失敗やギリギリになることも減らすことができるのです。

締め切りまで余裕があるからと先延ばししていると、何か突発的な仕事やトラブルが起きたとき、それらに追いかけられる状況になり、精神的に疲れます。すると最初に依頼された余裕があったはずの仕事に対応できなくなることがあります。

一方で、**自分で決めたデッドラインであれば、自分からその仕事を追いかけている感じになり、気分的にラクになります。**むしろ、「限られた時間で、どうやろう」と前向きかつ仕事のデキる人の考え方にもなります。


前倒しできればしめたものです。時間に余裕ができ、何か急ぎの案件が来ても落ち着いて対応できますし、残業を減らすこともできます。

さらに自分自身、期限より早くやれているという体験を通じて、自信にもなります。他人からの評価も上がるかもしれません。この成功体験を増やすことは、自分の中での習慣化につながります。より短い時間で成果を出す自分の仕事のスタイルが確立できるのです。

point

期限より早く終わるように試みる

4

「合格ライン」をハッキリさせる

もしあなたが運転免許証をとるなら、自動車教習所に２カ月間通うと決めて、その期間、合格するためにひたすら勉強したいと思いますか？　それよりは、できるだけ短い期間で試験に合格して、早く終わらせたいと思いませんか？

合格ラインを明確にするというのは、この考え方に関係しています。要するに、決まった期間をずっと努力するのではなく、合格するためには最低限、何を達成しなければならないのかを明確にし、短期間でそれを実現するのです。

限られた時間内で成果を出さなければいけない仕事において、求められている合格ラインを見極めることは重要です。スケジュールを立てるときに、この合格ライン、つまり完成基準が明確でないと、どこまでできたら、この仕事を完了できるのかがわかりません。

仕事によって、スピード重視なのか品質重視なのかは変わってきます。

例えば、新規事業のサービスであれば、スピードを求められます。安全に関わるサービスであれば時間をかけても品質を求められます。

どのような仕事でも合格ラインは設定できます。「努力の量」や「納得いくレベル」という主観的な基準だと合格ラインが曖昧になるので、誰でもわかるように数値化することが重要です。

数値化のポイントは３つです。

①「なぜ？」「何？」「いつ？」の３つの問いで具体化する

数値化できない理由のひとつは、目標や合格ラインが曖昧な状態で明確ではないからです。

次の３つの問いで、少しずつ具体化していくことが重要です。

・なぜ成し遂げたいのか？ その理由は何ですか？
・獲得したい成果は何ですか？
・いつまでに成し遂げたいですか？

仮に「痩せたい」という目標があったとします。３つの質問をすることで合格ラインを明確にしていきます。

「なぜ？」：昨年着れていた冬用のスーツが着られくなったから。
「何？」：そのスーツが着られる体型を手に入れる
「いつ？」：１月の新年会までに着られるようになりたい。

これらをまとめると、「痩せたい」という曖昧な表現が、「今年の12月末までに、昨年着られていた冬用のスーツを着られるような体形に戻したい」のように具体化できます。
さらにスーツのサイズや体型、体重などの数字を入れることで、「今年の12月末までに、3キロ痩せて、昨年着ていた冬用のスーツを着られるようになる」のように、合格ラインをより明確にしていくことができます。

曖昧な表現を避けることも大事です。「上げる」「下げる」「いい」「悪い」などの表現ではなく、「実数はいくつなのか？」「何％なのか？」と問いながら具体的にしていきます。

②現状と合格ラインのギャップに目を向ける

目標や合格ライン同様に、現時点での状況や能力も具体的に把握する必要があります。

つまり、現段階で、「何があって、何がないのか」「何ができていて、何ができていないのか」を把握します。この足りないところや、できてないところが合格までのギャップであり、課題です。

例えば、「データ登録をスピードアップさせたい」ではなく、「1時間に60件データ登録したい」という目標があったとします。しかし、現状は40件しか入れられないということが把握できれば、ギャップは20件だとわかります。すると、この20件増やす具体的な方法を考えていけるようになります。

要するに、ギャップを数字化することで、課題を解決するために必要な取り組みを整理し、具体化し、計画していくことができるようになるのです。

③目標の達成度を測るための要素に分解する

何をしたら最終目標が達成されるのかという切り口で、目標を成果やプロセスに小さく分解すると数値化できるようになります。

例えば、「品質向上を目指す」を目標にすると、目標自体を数値化するのは難しいです。しかし、品質に関わる成果やプロセスに分解することで数値化できるようになります。例えば、「故障によるクレーム件数を３カ月以内に半減させる」「修理に関する問い合わせ件数を１年以内に４割減らす」のように具体的にします。

このようにして求められている成果や現状、ギャップを数値化し、明確にすることで、何をすべきかがはっきりし、仕事は確実に進みます。

point

求められる成果を認識してからスケジュールを組む

5

難しそうな問題や仕事は、小分けにしてハードルを下げる

厄介なトラブルや問題を急遽対応することになったが、どこから手をつけていいかわからない。

プロジェクトや大きな仕事を任せられ、「がんばろう」と思う一方で、なかなかはじめることができない。実際に取りかかろうと思うと、なんとなく大変そうと感じ、面倒になったり、やりたくない気持ちになってしまう。

皆さんもこのような経験をしたことがあるのではないでしょうか？

難しそうな問題や仕事が大きすぎてよくわからないときは、小さく分けることがポイントです。**「これくらいならわかる」「これくらいであれば、できる」と思えるところまで、小さく分けるのです。**

例えば、「新製品発表セミナーを企画する」ではなく、「参加対象者を決める」「開催場所を決める」「集客方法を決める」など、仕事の流れや段階、やるべきことは何かを意識

すると分けやすくなります。

一言で行動が記載できるレベルまで落とすと、最初の一歩が踏み出しやすくなります。そして、各作業に具体的な成果目標とデッドラインを設けることが重要です。曖昧だったものを見える化することで、作業に取りかかるハードルを下げることができるのです。

また、締め切りに余裕がある場合は、日付だけではなく、**「あと何週間」「あと何日」のように考えると、スケジュールを実感することができます。**

まずはひとつトライしてみてください。最初の一歩を踏み出すことが大切です。

実際にはじめることで、何をやるべきなのか、他の人からの支援が必要なのかなどがわかってきます。自分から積極的に動くことで、締め切り寸前でバタバタ慌てるのではなく、事前に対策を講じることができるのです。

point

「これくらいならできる」まで、小さく分ける

6

スキルが低くても、「作業の見積もり」がうまいと評価される！

あなたは上司や先輩から「その仕事、どれくらいで終わりそう？」と聞かれたときに、早めの時間を言ってしまうことはありませんか？　さらに、その時間までに終わらず、相手を待たせてしまったことはありませんか？

見積もりはシンプルな作業です。しかし、見積もりが甘いと締め切りに追われ、不安になります。周りの人を待たせ、関連する仕事の遅延を引き起こすこともあります。**見積もりを失敗すると、周りからの評価は落ち、信用を失います。**

ですから、仕事を確実に終わらせることができる少し余裕のある見積もりを作ることが大事です。

見積もりが甘い多くの人は、「うまくいったら、これくらいで終わるかな？」という期待をもとに作業期間を考えます。人から良く思われたいという意識も強く、相手の期待に応えたいという思いから、短めの時間を答えがちです。

しかし、作業見積もりのズレは全体の流れに影響します。このため、希望的観測をやめて、確実に仕事を完了できるのはいつかを考えることが重要です。作業を終わらせるのに必要な時間を考えるだけではなく、同じ時期にやらなければいけない仕事の量や土日祝日などの予定も考慮する必要があります。

見積もりする際は、余裕を持たせることも大事です。特にはじめての仕事や、不確定要素が多いプロジェクトの初期段階では、最初に見積もった作業期間の１・５倍や２倍にするなど多めに持つことも有効な手段です。

見積もりの精度を改善することで、仕事の失敗や不安を減らすことができます。周囲からの評価も上がり、信頼獲得にもつながります。よりいい見積もりを作り、仕事をスムーズに進めていきましょう。

point

希望や願望を排除し、少し余裕を持った見積もりをする

7

あなたと上司の見積もり基準は違う

よりいい見積もりを作ろうとしても、仕事の依頼者である上司が考える見積もりと、あなたの見積もりが違うことはよくあります。「まだ、やってるの?」「どうして、そんなに時間がかかるの?」と言われることもあります。

そこで、依頼者とのギャップが起きて問題になる前に対策をとることが大切です。

▼依頼者とのギャップをなくす方法

①先輩や同僚に相談する

あなたよりもその仕事をする上での知識や経験、あるいは技術的なスキルや能力を持っている先輩や同僚に相談します。

まずは、やるべきことをできるだけ細かく洗い出し、作業の漏れがないかを確認します。

次にあなたが見積もった各作業にかかる所要時間と、先輩や同僚が考える作業時間との違いを特定します。

②ギャップの原因特定から改善策を検討する

なぜ見積もりに差異が出てくるのか？ その原因を具体的にしていきます。

仮に、その作業をするために必要な専門的知識を持っておらず、やり方を調べるのに多くの時間を費やすのなら、上司と相談して効率的にその知識を学ぶ計画を立てます。

また、エクセル、ワードなど仕事の基本となるソフトウェアの使い方によって作業効率に差があるのであれば、本やネットで自習、あるいは講習に参加することで効率的な使用方法を学ぶことができます。

③依頼者とスケジュールをすり合わせる

依頼者には、具体的に見積もった作業期間だけではなく、例えば、専門知識がない、仕様や要件が曖昧であり成果物がわからないなどの課題や、その対策を正確に伝えることが大事です。お互いに現状をしっかりと認識し、協力して見積もりを修正し、作りあげていかなくてはなりません。

point

依頼者やデキる人と自分の考えている進め方を比較し違いを認識する

8

「仕事の成果の価値」＝「作業の質」÷「時間」

仕事や計画に完璧はありません。多くの人がその事実を知っています。でも、ついつい私たちは、「もう少しいいものを」と思ってしまいます。

言葉では「少し」だとしても、**私たちは自分自身が納得いくまで、よりいいものを目指してしまいます。「完璧」を求めがちです。**それが自分の思い込みであることを知っていてもです。

すると、どうしても時間が足りなくなります。締め切りギリギリに無茶な働き方をしたり、締め切りを延ばそうとします。自分で自分の首を絞めてしまうのです。

そんなときは、**完成度7割を目指しましょう。**

完成度を下げるとなると、頭ではわかっていても、手を抜くイメージが先行し、否定しがちです。理由をつけて、自分のやり方を変えられない、そんな人は多いのではないでしょうか？

そこで、仕事の成果の価値を「作業の質÷時間」で考えるのです。

つまり、優先度を「作業の質」ではなく、「スピード」に置くのです。

求められているものをなるべく早く、最低限のカタチにして依頼者に見せ、依頼者に完成とするのか、あるいは改善するのかを判断してもらうのです。そうすることで、自分の思い込みや変な感情に足を引っ張られることはなくなります。

また、シンプルに**当初の予定の７割の所要時間で終わらせることを目標に仕事を進める**のも有効な手段です。要するに、完璧な理想像を目指すのではなく、期限内に完成させ、提出することが最重要だと心がけることが大切です。

最初の段階で計画や考えることに時間をかけたとしても、状況が変化し、当初の計画がムダになることもあります。

まずは、はじめてみることです。実際に着手することで本当の状況や難しさがわかってきます。そして必要に応じて、修正していけばいいのです。

point

仕事の優先度を質ではなく、スピードに置く

9

期限を守る人は会議も時間通りに終わる

なぜ多くの人がミーティングの内容について不満を言うのに、開始時間の遅れやミーティングの延長には寛容なのでしょうか?

仕事をきちんと終わらせることができる人は、仕事を完了させる条件や基準をしっかりと設けていますが、ミーティングや会議についても同様です。

ミーティングの前に目的やゴールは何かを決めること、つまりミーティングの終了条件を明確にすることが重要です。目的を達成すれば、終了時間よりも前に終わらせることができます。**ミーティングの目的は、誰が、いつまでに、何をするかを決めることです。**ミーティングを有効に活用し、短時間で成果を出すことに集中しましょう。

次ページのチェックリストを使って、あなたはミーティング時間を減らすために、本当にやるべきことをやっているかを確認してみてください。

□ミーティングの目的は明確で、参加者と共有できていますか
□「進捗確認」「企画会議」など曖昧なものではなく、具体的な目的になっていますか
□ミーティングの前にアジェンダ（議題）やゴール、関係資料を配付していますか
□何について意見やアイデアを用意してもらうのかを事前に伝えていますか
□話し合うためのたたき台をしっかり準備していますか
□課題や状況を整理し、解決策のアイデアや提案、かかる費用などを準備していますか
□開始時間と終了時間を宣言していますか
□ミーティングの時間や長さに神経質になっていますか
□議題ごとに時間配分を確認していますか
□タイマーを使ったり、時計を使って時間を頻繁に確認していますか
□ミーティングに必要な人だけ参加していますか
□参加理由を説明できますか

point

ミーティングの終了条件を決める

第４章まとめ

・デッドラインに間に合わないということは、約束を破ることと同じ
・デッドラインから逆算して、取りかかる作業を決める
・デッドラインがあるから仕事になる
・誰でもわかる完成基準を作る
・どこから手をつけていいか迷ったら、わかるレベルまで小さくわける
・仕事の所要時間を求められたら、経験者から学び成長できるチャンス
・求められている基準とあなたのこだわりは違う
・期限内に完成させることが最重要
・ミーティングを早く終わらせたければ、全力で終了条件を満たしにいく

チェックしましょう！

チェックがついたら、本章を読み返しましょう

□「少しぐらい遅れてもいいや」と思っている

□できないのに、何でも「はい」と言ってる

□期限を設けずに仕事をしている

□後回しにしていた仕事に対応できなくなっている

□「この時間までに絶対終わらせる」というコミットをしていない

□最短で終わる方法を考えずに仕事をしている

□「何をしていいかわからない」と、よく思考停止してしまう

□締め切りまでの日数を意識して、仕事をしていない

□仕事の完了基準が不明確

□自分の理想像にこだわりすぎている

□時計を見ずにミーティングしている

□ミーティング完了後の状態をイメージできない

第５章

振り回されない「コントロール術」

1

「自分の時間」を他人から取り戻す

自分でコントロールできない時間を減らすことは重要です。

一番ムダな時間は待ち時間です。これは他の人と同じ時間帯やタイミングで同じ行動をとるから発生します。昼食、トイレ、食後の歯磨き、会議室の予約、コピーや印刷機の使用などがあてはまります。

有効な解決策のひとつは、時間差で行動すること。

昼食はピークのランチタイムを外し、11時半以前や、13時半以降にズラせば、行列に並ぶ時間がなくなります。

出勤時にエレベーターで待つなら、朝少しだけ早く出社する。

印刷やコピー機の前で待つのなら、みんなが出社する前にすませてしまう。

他にも会議室の予約時間を朝一番や正午にズラせば、スムーズに部屋を押さえることができます。

このように**人と違う時間帯に動く**ことは大事です。

また、人と仕事をしていると、必ず約束の時間に遅れる人がいます。

この待ち時間もムダです。待たされイライラすれば、精神的にも良くありません。

そのため、**普段からこのような待ち時間を効率的に活用できることを準備しておくと時間を有効に使えます。**例えば、メールやスケジュールの確認、業界ニュースのチェックなどです。

逆に自分が約束の時間に遅れると、相手の時間を奪い、信用も失うことにもなります。

相手の時間を尊重して、時間の奪い合いをしないように行動することが大切です。

point

人と違う行動をして時間を生み出す

2

助け合うと自分の時間も増える

苦手な仕事や嫌な仕事はなかなか終わらないので、このような仕事は、周りの協力を得て効率良く終わらせることが重要です。

人には、それぞれ得意・不得意な分野があります。**あなたの苦手なことが得意な人もいますので、お互いの強みを活かして、支援し合うことが大切です。**

まずは遠慮せずにお願いしてみることです。自分一人で抱え込み、苦戦しながら終わらせるよりも、ずっと早く終わらせることができます。

この割り切りができないと、いつまで経っても次の仕事に取りかかれなくなります。

周りの人から適切な協力を得るには、普段から「ヒト」のいいところを見ることが大切です。

多くの人は他人の失敗やミスなどマイナス面を見ます。しかし、お互いの弱い所を補うためには、あの人は何が得意なのか、何が好きなのかというプラス目線で見ます。どういう分野ならば支援し合えるのかを考えることが大事です。

また、お願いしやすい関係を作るには、逆説的ですが、与え続けることが重要です。日頃から「何かできることがあれば言ってくださいね」と伝え、自分ができる範囲で積極的に支援する姿勢が大事です。また見返りを求めないことです。

すると、いざというときに、相手は「しょうがないな」と思い、助けてくれることが増えます。

ただし、ここで過剰な期待をしてはいけません。「以前、支援したから、今回は助けてくれるはずだ」と当然のように思っていても、何らかの事情で支援できないこともあるのですから。

point

普段から見返りを求めずに支援する姿勢が大事

3

「イエス／ノー」の判断理由を持つとブレない

あなたは、目の前の人に何かを頼まれたら、断れますか？

多くの人は「自分ができることはやってあげたい」と思うものです。いい人だと思われたいという承認欲求もあるかもしれませんが、基本的には協力したいという思いが強く、「はい」と言いがちです。

しかし、「1日の勤務時間は480分しかない」という事実を忘れてはいけません。

もし、どんなことに対しても「はい」と答えてしまうと、やるべきことが多くなり、締め切りという約束を守れなくなることもあります。

つまり、**目の前の人に「はい」と言うことは、他の人に対して「ごめんなさい」と断っているのと同じです。**

新たな時間を作り出さないかぎり、やれることは限られます。やみくもに、やることを増やすと、本来やるべきこともできなくなります。会社や上司から見れば、「あなたは、やるべきことをやっていない」ということになります。自分の仕事量と能力を把握できていないと判断されます。

頼まれたことを断るのは、誰にとっても簡単ではありません。そこで、**「イエス／ノー」を判断する前に、「なぜイエスなのか」「なぜノーなのか」の根拠や理由をそれぞれ考えてみてください。**

「それ、本当？」と自問を繰り返すことで、今まで以上に論理的に判断理由を説明できるようになります。つまり、自分の判断や行動に「ブレ」がなくなります。

また、断る際は、時間を新たに確保できそうであれば、「今はトラブル対応中で難しいですが、午後４時以降なら大丈夫です」のように逆提案することも大切です。みんな、それぞれ仕事を抱えています。能力や強み弱みも違います。支援し合いながら、うまく進めていくことが大切です。

point

できることにだけ「イエス」と答える

4 悩まない！　考えるなら「時間を決めて」

あなたは一人で、ずっと悩んでいませんか？　何か気になり、心配し、ああでもないこうでもないと悶々としているうちに、あっという間に時間が経っている。そんな経験はありませんか？

「悩む」という行為は、問題を解決するのではなく、「〜したい願望」や「不安」や「心配」を増長し、問題を複雑にします。

例えば、来月初めてセミナーで話すことになったとしましょう。

悩んでしまう人は、「うまく話したい。でも失敗したらどうしよう」「難しい質問をされないかな」「緊張して言うことを忘れたらどうしよう」「万が一、プレゼン中にパソコンが壊れたらどうしよう」など、いろいろな不安が頭をよぎります。悩めば悩むほど、不安や心配は膨らみ、頭の中がパニックになってしまい、「ダメかもしれない」と自己嫌悪に陥ってしまうこともあります。

これでは、時間と労力だけを消耗させます。私たちにとって、避けたい行為です。

一方で、**「考える」という行為は、問題を解決します。**

「わからない」や「したい」で終わらず、複雑になっている事柄をシンプルにし、具体的な行動につなげていきます。とは言え、考えても、いいアイデアが出てこなかったり、考えがまとまらなかったり、頭が整理できないことはあります。

そんなときは、まず**考える時間を決める**ことです。例えば、10分と時間を決めて、自分で集中して考えてみるのです。

時間内に解決できなければ、自分で考えることをやめて、人と話してみましょう。

point

問題解決のために、「悩む」のではなく「考える」

5

上司をうまく使う

あなたは上司に対してストレスを溜めていませんか？

上司は何をしているかわからない、自分たちのために何もしてくれない、自分が正当に評価されていないなどの負の感情を持っている人も多いでしょう。

しかし、仕事で成果を出している人は上司を上手に使っています。

それは、「イエスマン」になるということではありません。仕事がデキる人はアドバイスの求め方や相談の仕方がうまいのです。必要に応じて、経験豊富な上司を巻き込み、どんどん課題を解決し、仕事を進めていきます。

つまり、**上司をうまく使うことで、仕事のスピードを上げ、短時間で成果を出しています。**

また、上司とうまく仕事を進める中で、多くノウハウや考え方を学んでいるのです。

上司の役割や機能を考えてみると、ゴーサインをくれる（例：承認してくれる）、アドバイスをくれる（例：ノウハウや考え方が学べる）、できない仕事をしてくれる（例：トラブルやクレーム対応を支援してくれる）など、多岐に渡ります。これらの機能を活用しないのはもったいない。

そこで、一対一で話し合えるミーティングを定例化するのがおすすめです。

定例ミーティングをすれば、お互いを知るキッカケになり、信頼関係も良くなっていきます。話す機会が増えれば、適宜、進捗を共有したり、抱えている課題やトラブルを早い段階で相談できます。すると、必要なタイミングでアドバイスがもらいやすくなり、状況が悪くなる前に対策もできます。

さらに意思決定やレスポンスのスピードも上がり、短時間で成果を出せるようになります。つまり、上司との定例ミーティングは仕事のスピードを加速させるのです。

また、事前に方向性を確認できれば、ある程度任せてもらえ、仕事の自由度は大きくなります。

point

定例ミーティングで上司をうまく使う機会を増やす

6

予定はできるだけ共有するほうが話が早い

仕事のスケジュールを考えるとき、考えておかなければならないのは、支援してくれる人のスケジュールを確認しておくことです。多くの仕事は一人で完結しません。いろいろな人と協力して、仕事を仕上げていくものです。

例えば、上司や先輩に相談しようとしても、打ち合わせや客先訪問で外出する直前に声をかけてしまえば、タイミングが悪く、思うように相談にのってもらえません。その場合、帰社するまで待つか、他に相談にのってもらえそうな人を探さなければならないので、非常に効率が悪いです。

相談や確認をお願いしたい人のスケジュールを把握することは、自分の仕事をスムーズに進めるために重要です。適切なタイミングで適切な行動をとることで、迅速に意思決定ができ、全体のスピードが上がります。

しかし、打ち合わせやミーティングなど、他のメンバーとのスケジュール調整は非常に面倒です。必要以上に時間と労力がかかります。

そこで各メンバーの空き時間を共有しておくと、スケジューリングがスムーズに行えます。わざわざ個々に確認しなくても、各メンバーのスケジュールを加味して、ミーティングや予定を一気に決められれば、効率が良くなります。

これらを簡単に実現できるのは、３章でも述べましたが、グーグルやアウトルックなどのデジタルカレンダーの活用です。

いつでもどこでも関係者の予定を簡単に把握できるので、空き時間を探し、ミーティングや相談など予定を効率良く押さえることができます。結果として、仕事のスピードが上がり、時間短縮を実現します。

point

支援してくれる人のスケジュールを確認する

7

議事録を作るのに余計な時間をかけない

あなたは、ミーティングの議事録を作るのに1時間以上かけたことはありますか？

マジメな人ほど、ミーティングで話し合った内容をキチンと記録し、共有しようと必要以上に時間をかけてしまいます。

もし1時間のミーティングを録音して議事録を書き起こしているなら、あっという間に2、3時間かかってしまいます。なぜ議事録を作るのに、そんなに時間がかかってしまうのでしょうか？　根本的な原因は、そのミーティングについて理解していないからです。

▼議事録を作るのが難しいと感じる主な理由

・なぜこのミーティングをするのかわからない
・何が本当に大事なことなのかわからない
・専門用語や言っていることがよくわからない
・誰が何をやるべきかがよくわからない

・どのようにまとめ、書いたらいいのかわからない

そこで、ミーティングの前に参加する理由や目的、何を話し合うかを事前に確認することが重要です。**ミーティングの背景や話し合う内容を事前に把握することで、ミーティングが今まで以上に理解できるようになり、議事録を書く際に、わからないということが減ってきます。**

また、議事録の形式や書式を決めておくことで、議事録を作る時間を減らすことができます。例えば、ミーティングの前に話す予定の議題をもとに議事録のベースを作っておけば、決定事項や行動計画を記入するだけですみます。

さらにミーティングが終わる前に、決定事項や誰が何をいつまでにするのかを確認することも大切です。すると、ミーティング後に、内容を再確認するというムダが減ります。ミーティング後は、できるだけ早く議事録をメールし、関係者と共有することで、効率的かつ迅速に情報共有できます。

point

議事録はミーティングの前に準備しておく

8

最悪なのはイライラし、仕事を投げ出すこと

あなたは、上司や同僚、取引先などに腹が立ったことはありませんか？　また仕事やプライベートにかかわらず、ストレスや疲れによってイライラして、目の前の仕事に集中できないことってありませんか？

もし「イライラして集中できないな」と思ったら、まずはイライラの原因を特定することが大切です。自分の状況を冷静に見ることで、イライラに対処できます。

お腹が空いた、暑いなど解決が簡単なものが原因であれば、すぐに対応できます。しかし、他人の言動や行動によってもたらされた怒りや、自分が納得できない、あるいはコントロールできないことに対するイライラは、簡単に取り除くことはできません。

仮に、締め切りが今日中の仕事の進捗を、朝一番に上司に聞かれたとします。ひょっとしたら、あなたは「急かされているのか？　信用されていないのか？」とイラっとしたり、

不安になったりするかもしれません。そんなときに、締め切りについて聞かれたことやそのときの感情を書き出すことで、客観的にその状況や原因を見つめ、考えやすくなります。

例えば、上司は「単純に進捗を聞きたかった」、あるいは「何かサポートできることはないかを確認したかった」だけとか、または「別の優先度の高い仕事を依頼したかったかも」など、別の可能性を考えられ、心を落ち着かせやすくなります。

また、大事なことは書き出した出来事をあなたの力でコントロールできるのか、できないのかを明確にすることです。**自分で解決できそうなものや解決策を見つけられそうなものは紙に書き留め、今日やるべきことと比較します。そして、重要度や緊急度などを踏まえ、優先度の高いものから行動していくようにします。**

一方で解決策が見つからないものや自分ではどうしようもないものに関しては、一旦、「解決できない」という現状を受け入れるのです。そして、他の人に相談する、あるいは忘れるという結論を出すのです。

そうすることで、感情にあまり引っ張られず、今やるべきことに集中できるようになります。

イライラや怒りに任せた行動や言動を防ぐ代表的なテクニックとして、**「6秒思考停止」**と言われる方法があります。これは、怒りを感じたときに、頭の中を真っ白にして、6秒間何も考えないようにする方法です。

また、ゆっくりと深呼吸し、別のことに集中して怒りの意識を遅らせる方法もあります。

このように、**イライラしている自分を認め、感情のコントロールを意識しながら、目の前にある仕事をたんたんとこなしていこうとすることが重要です。**

その際は、完璧を目指すのではなく、「やらないより、やったほうがいい」という気持ちで仕事に取りかかることが大切です。

point

イライラして集中できない自分を認める

第５章まとめ

・人と違う時間帯に動き、自分でコントロールできない時間帯を減らす
・お互いの強みを活かして支援し合う
・合理的に説明できる判断基準を設ける
・考える時間を決めて、問題解決に臨む
・上司を使い、うまく仕事を進める。そして多くを学ぶ
・相談や確認をお願いしたい人のスケジュールを把握する
・チーム間の共通認識を持たせるのに有効な議事録を効率良く作ることに力を入れる
・「イライラして集中できない」と思ったら、イライラの原因を特定する

チェックしましょう！

チェックがついたら、本章を読み返しましょう

□人と同じことを同じ時間にしている

□待ち時間を有効活用できない

□一人で抱え込んでしまう

□周りと協力し合えていない

□できないことにも「はい」と答えてしまう

□判断理由を合理的に説明できない

□判断に時間をかけすぎている

□上司を避けている

□方向性を確認せずに進めている

□スケジュール調整で時間をムダにしている

□悪いタイミングで人にお願いしている

□議事録は会議が終わってから作りはじめる

□今やるべき仕事がイライラした感情によって進められない

□怒りの感情で疲れている

第６章

探す時間を減らす「タスク置き場」の作り方

1

自分の「タスク置き場」を洗い出そう

タスク置き場とは、やらなければいけない仕事関連の資料や情報が保管・管理されているところです。**タスク置き場の数が多いと、探しものの回数が増えます。**すると頭を切り替える回数も増えるので、時間もかかり、効率が悪くなります。**未完了作業があちこちにあれば、ミスやモレも起きます。**

下の表を参考に、あなたのタ

▼デジタルデータの保存場所

タスク置き場	数
・メールの INBOX（各アカウント）	
・TODO リスト（メール、メモ帳、エクセルなど）	
・スケジュール（Outlook、Google など）	
・業務専用ソフト（ＣＲＭ、会計ソフトなど）	
・コンピュータのデスクトップ	
・コンピュータ以外の端末（スマホなど）	
・その他、アプリやソフトウェア	

▼その他の保管場所

タスク置き場	数
・アタマの中	
・他の人（同僚など）	
・机の周り（引き出し、机の上など）	
・棚（近くの棚、別の場所にある棚）	
・倉庫	
・TODO リスト（ノート、手帳など）	
・カレンダー	
・ノート類	
・カバン	
・ポストイット	
・メモ用紙	
・その他、箱やＢＯＸ	

スク置き場の数を数えてみましょう。

それぞれのタスク置き場は、さらに細分化されています。それらを別々のものとカウントします。例えば、メールのタスク置き場に、「個人」と「グループ」と２つアカウントがあれば、タスク置き場の数は２つとして数えます。

いくつありましたか？

タスク置き場の数が20、30の人もいれば、50以上の人もいると思います。もし、二桁後半あるいは１００以上であれば深刻な状況です。

逆に考えれば、タスク置き場の数が多い人は、大きく改善できるチャンスです。

情報や資料を同じところにまとめて管理し、タスク置き場の数を減らしていくことが重要です。

point

タスク置き場の数を減らすと効率が上がる

2

「タスク置き場」の数が減れば管理がラクになる

タスク置き場の数が一桁になるように減らしていきましょう。ポイントは同じところに資料や情報を集め、まとめることです。さらに業務の種類で整理すると効果的です。おすすめのタスク置き場をいくつか紹介します。これを参考に自分流にカスタマイズして、タスク置き場の数を減らしましょう。

1．大きめの箱やボックス（ファイルボックス、書類ケース）

Ａ４サイズの資料やクリアファイルが簡単に入る十分なサイズの箱やボックスです。この箱の中に、書類だけではなくメモや裏紙、領収書など、処理すべきものをすべて入れます。小さく紛失する不安があるものはクリアファイルに入れて、それをこの箱に入れます。書類は立てて置いてあると識別しやすく、取りやすいです。

2. 持ち運びできるボックス（ファイルボックスやファイルケース）

書類やクリアファイルが入れやすく、まとめて持ち運びできるボックスです。カバンのポケット、財布、名刺入れなど、いろいろなところにあるものすべてを、このボックスにまとめて整理します。

3. メール

仕事をする上では最も便利なタスク置き場かもしれません。メールは情報伝達手段のみならず、情報保存手段としても必要不可欠なコミュニケーションツールです。

複数のアカウントを使用している場合は、できるだけひとつにまとめます。別のソフトウェアを立ち上げたり、違うウェブサイトへログインしたりする手間を

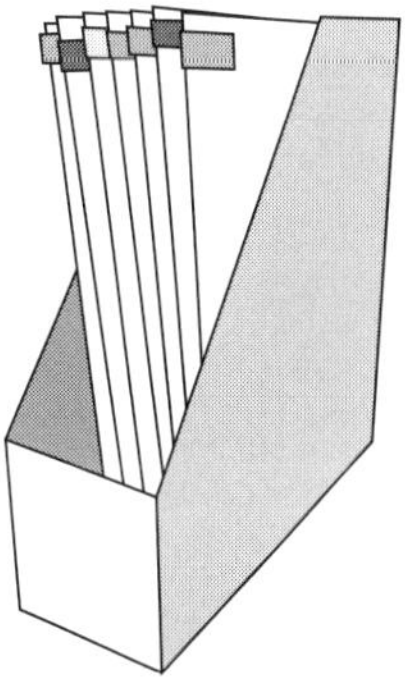

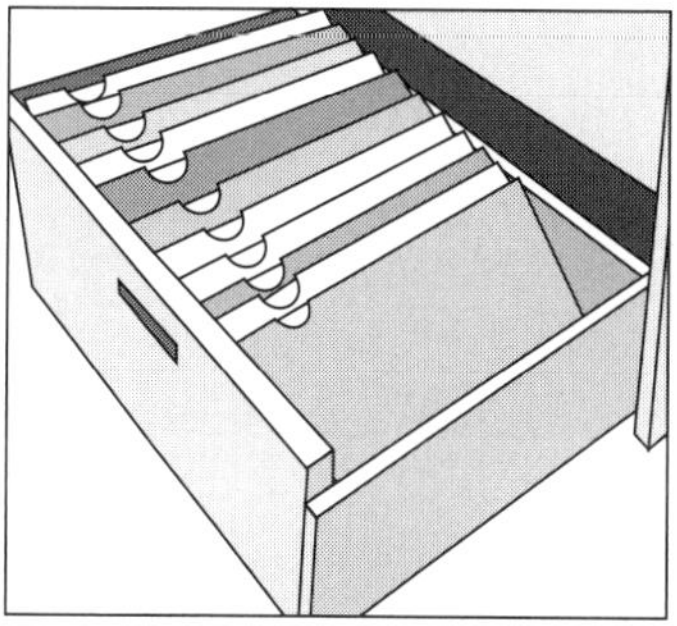

減らします。

メモやアイデア、写真などあらゆるものを自分にメールし、情報を一元化していくことで、他のタスク置き場を減らすことができます。

4. チャットツール

会社によっては使用が制限されている場合もありますが、リアルタイムにコミュニケーションがとれ、情報やファイル共有が簡単なチャットツールは、メールと同様に必要不可欠なツールです。スカイプ、ライン、フェイスブックなどを使う人は多いですが、複数のチャットツールを使用している場合は、使用するツールをできるだけ絞ります。また、Slackやチャットワークなどのビジネス用途のチャットツールを使うのも有効です。

重要なやりとりはコピーやスクリーンショットをして、自分にメールをしておくといいでしょう。

5. クラウド（オンライン）ストレージ

インターネット上にファイル保存・共有できるストレージです。こちらも会社によっては使用が制限されている場合があります。

代表的なサービスとしては、Dropbox、box、Onedrive、Google Driveなどがあります。ノートを整理し情報を蓄積できるEvernoteも含みます。どこからもアクセスでき、ファイル共有や共同作業が容易です。

例えば、容量の大きなファイル共有がラクになり、メールに添付されたファイルのどれが最新なのか迷う必要もありません。データはバックアップされ、履歴管理により過去のデータも参照できます。

タスク置き場を減らしていく中で、捨てていいのかわからない書類やデータは必ずあります。すぐに捨てられない場合は、保持期間を決めて一時的に保管し、保持期間が過ぎたら破棄するようにします。破棄することに不安な場合は、スキャンや写真を撮って、デジタルデータとして残しておくのも手です。

point

メールやチャットを活用し、タスク置き場を減らす

3

メモも同じところに集める

仕事でメモをとることは重要です。話し合った内容や言われたことを忘れないために記録したり、アイデア出しや気づきを得るために書き出したり、わかりやすく人に伝えるために話す内容をまとめたり、さまざまな目的でメモをとります。

ただし、あちこちにメモを残して、どこに何を記録したかわからなくならないように、メモはバラバラで管理しないことが重要です。

タスク置き場を減らすため、アナログのメモ帳やノートをタスク置き場として使わずに、違う方法でメモをまとめると効果的です。

ひとつ目の方法は、**メモしたあとはメモ帳やノートから破ってファイルボックスに入れます**。メモを長期間保持する必要はなく、付箋のような使い方をしているのであれば、手軽にできます。

２つ目は、**メモをスマホで写真を撮り自分にメールする**方法です。メモを破棄するよりも記録として残したいときに便利です。件名や本文にキーワードを入力しておけば、あとからの検索も容易です。

３つ目は、**クラウドサービスの Evernote などを使って、メモやノートをひとつにまとめて管理する**方法です。

どの方法もバラバラなメモ管理を減らします。「あのメモがない」「ココに書いたハズ」といった探しものによる時間の浪費を減らせます。切り替えの回数も減るため、仕事の効率が上がります。またヌケやモレ防止にもつながります。メモした情報をできるだけ一か所にまとめることが大事です。

point

メモをいろんな所に置かない

4

ボックスやケースの中も「デッドライン」で管理する

書類や文書をまとめたクリアファイルや領収書を入れた封筒などには、提出日や締め切りのデッドラインを書き込みます。その日付順に整理収納します。

さらに、仕事の緊急度ごとにクリアファイルの色を変えておくと効果的です。

例えば、急ぎなら「赤」、1カ月以内に終わらせる必要があるなら「黄色」、便利な情報なら「緑」、それ以外は「透明無色」みたいに自分なりにルールを作ります。

ただし、緊急度が変われば クリアファイルの色を変える必要が出てきます。そのため、例えば、「今日中」を赤、「今週中」をオレンジ、「来週」を黄色、「1カ月以内」を

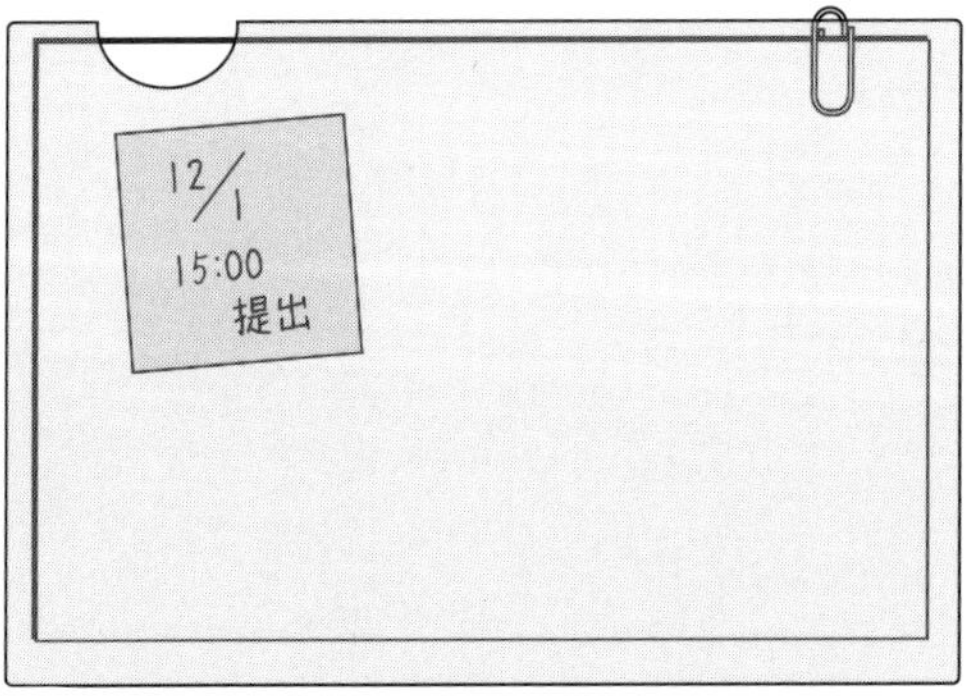

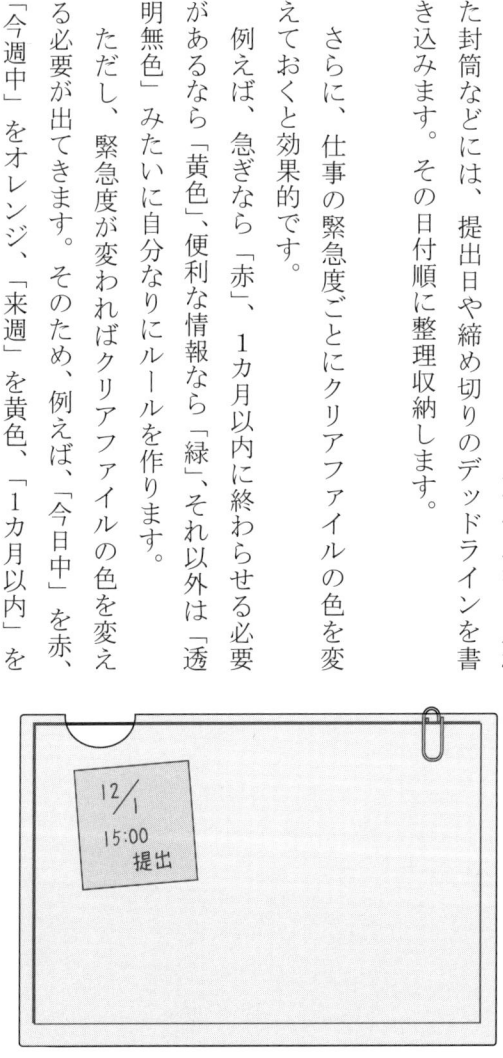

青色のように、分類しすぎるとクリアファイルの色替え作業が大変になり、手間もかかります。

できるだけシンプルな分類で管理することが大切です。この色分けにより仕事の緊急度がひと目でわかるため、わざわざ書類やメモの中身を読んで内容確認し、今やる必要があるかを判断しなくてすみます。書類の二度見も減らせるため、仕事の効率を上げます。

最後に、チームで仕事をする人は、他の人にお願いしたことを「依頼中」として別管理することも大事です。理由は、自分の担当部分が終わったとしても、依頼したものが終わらなければ、その仕事は完了しないからです。つまり、相手の進捗を確認する必要があるタスクです。相手にリマインダーを送るタスクとして他の作業と同様にクリアファイルを使うと効率良く管理できます。

point

カラー表示で仕事の緊急度が一目でわかる

5

メールは整理するのではなく「検索」からはじめる

メールを探すことに時間をかけていませんか？

今の時代、メールは一瞬で見つかります。整理整頓が苦手な人でも、メール検索機能をうまく使えば、昔の資料やメールをほんの数秒で見つけることができます。まずはメール検索の基本を押さえ、探すという付加価値を生まない、ムダな時間を減らすことが重要です。

タスク置き場のひとつであるメールを効率良く管理するには、どの言葉や条件を使って検索するかが重要です。検索フィールドに入力するポイントは大きく3つあります。

① 検索ワード数

「検索は3語から」を意識して検索するだけで、検索のヒット率とスピードは上がります。検索ワードの3語には、次で紹介する「差出人」や「添付ファイルの有無」を含めても構いません。

②「差出人」

仕事は常に「人」と関わります。メールのやりとりで言えば、「差出人」と「あなた」の関係が基本です。また「差出人」がCCで「あなた」に参考メールを送っている場合、「宛先」も併せて検索すると早くメールを見つけることができます。

③「添付ファイルの有無」

探しているものの種類から絞ります。例えば、契約書や企画書などの書類なのか、写真や画像なのかです。またファイルの種類がわかっていれば、それも追加キーワードとして入力すると、さらに効率的に絞り込むことができます。

point

整理整頓が苦手な人でもメールは数秒で探せる

キーワードでメールや添付ファイルを探す

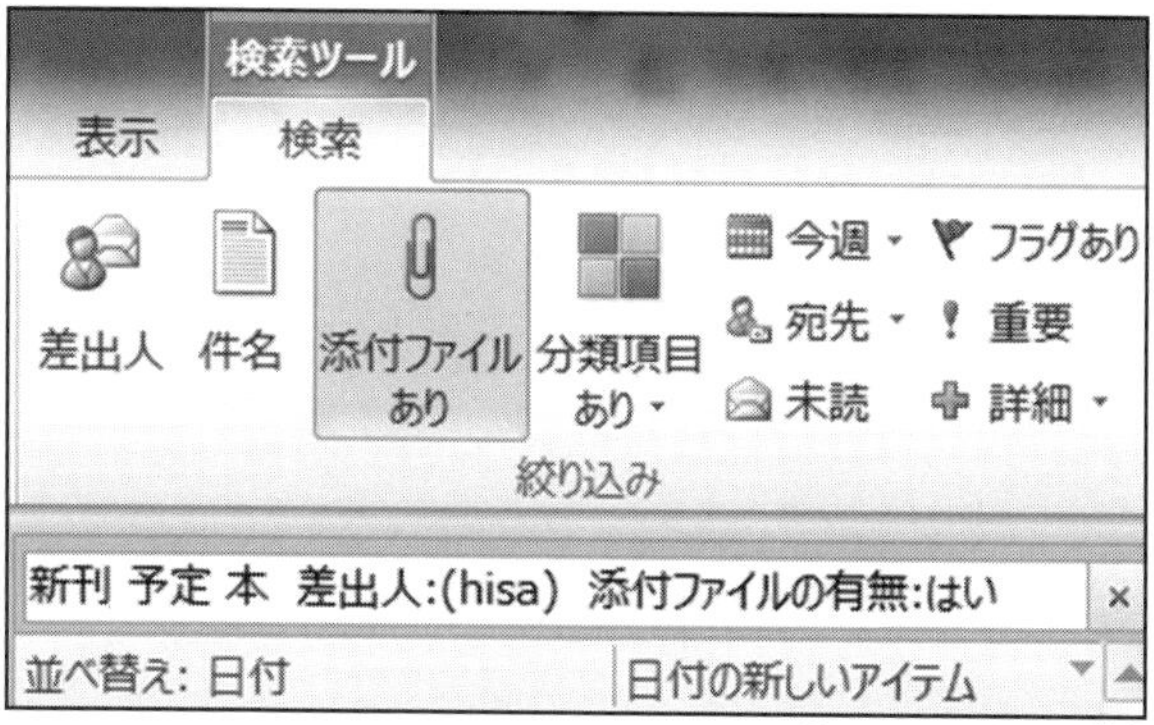

Microsoft Outlookの場合

6

メールも「作業仕分け」で効率化

対処すべきメールに焦点を当てられるように、受信メールを仕分けていきます。

①どのメールを優先して読むべきか？（何をすべきか？）

受信ボックスには優先度の高いメールから必要がないメールなど、さまざまなメールが入り乱れています。重要なメールを優先して読めるように、まずは不要なメールや優先度の低いメールを受信ボックスから省くことからはじめます。

1、不要なメール

読んでいないメルマガは配信停止設定をして削除します。広告やお知らせのメールは、例えば、「件名に〝号外〟を含むメルマガはゴミ箱に移動させる」というルールで受信ボックスに届かないように設定します。

2、読み物メール

情報収集や勉強用のメルマガは、メルマガ専用フォルダを作り、そこに振り分けます。例えば、「差出人が「メルマガ配信企業」ならメルマガ専用フォルダに移動する」というルールを作り、メルマガを振り分け、あとからまとめて読むと効率がいいです。

3、通知メール

システムから自動で送られる、返信の必要がない、参考通知メールであれば、通知専用フォルダを作り、そこに振り分けるようにします。

上記３つの振り分け後、受信ボックスに残ったメールが優先して対処すべきメールです。さらにその中でも重要な案件や人からのメールを優先して対処したい場合は、仕分けルールを追加し、そのメールだけ優先して読むことも可能です。

② いつはじめて、いつまでに終わらせるべきか？

メールは「見たらスグに返す（即レス）」が鉄則です。

メールの即レスで「メールの2度読み」をなくせます。メールの2度読みは、時間だけでなく、判断も2度になり労力を要します。時間管理上は絶対に避けたいムダです。

また、割り込み作業により、あとからメールを返信できなくなったり、返信を忘れるリスクもなくなります。即レスにより相手からの信頼も高まり、物事が早く進みます。

メールを確認するタイミングや頻度については、職種や業務内容によって変わってきます。一般的には、朝、昼、夕方の1日3回、メールチェックの時間を確保して、集中してまとめて返信するのが効率がいいです。ただメール処理に慣れ、2度読みが減り、書く時間や分量も減らせるのであれば、1時間に数回メールチェックをしても問題ないと思います。

また難しい案件で返信に時間がかかるメールもあります。

例えば、問題の解決方法や今後の進め方を検討する必要があるような案件です。この場合は、カレンダーにこのメールを関連づけて、いつこの案件を対応するかスケジューリングすることが大切です。

併せて、「ラベル（色分け）」「フラグ」などを活用し、「返信の必要あり」「重要な案件」「依頼中の案件」などの状況が一目でわかると管理がラクです。

返信忘れをしないように、メールを未読に戻す方法もあります。

大事なことは、できるだけシンプルな方法で、メールを適切に管理し続けられることです。

③メールの保存先をどこにするか？（タスク置き場をどこにするか？）

あなたは読み終わったメールや対処済みのメールが受信ボックスに残っていて、ジャマだと感じたことはありませんか？

新着メールや重要な案件に集中するためにも、処理済みのメールは受信ボックスから消すことがおすすめです。いらないメールがなくなることで、受信ボックスがやるべきリストに変わります。

受信ボックスから消す方法は、不要だと感じたメールを削除したり、アーカイブフォルダに移動させたり、さまざまです。大事なことは「受信ボックスから処理済みのメールを消す」ということをルールとして、あなたがやりやすい方法で実践することです。

多くの人は、案件別、顧客別、差出人別、やりとりした年別など、さまざまな分け方でフォルダを作り、階層構造にします。フォルダの分け方は、日々やりとりするメールや相手の数、内容などにより変わってくるため、正解はありません。

ただ、**メール検索を活用すれば、細かくフォルダ分けする必要はありません。**アーカイブフォルダがひとつあれば十分です。つまりメール整理自体に時間をかけすぎないことが重要です。必要があれば、過去のメールを簡単に見つけられればいいだけです。手段を目的化しないことが大切です。

point

メールは見たらすぐに返す

7 パソコンのファイル管理も検索からはじまる

欲しいファイルをすぐに見つけられるように、パソコンのファイルやフォルダの整理・保管方法を考えることは大切です。しかし、多くの人が紙の書類を探すかのように、ファイルを探します。ファイルの保存場所を頭の中に記憶したり、フォルダをクリックして自分で探したり、これではパソコンの能力を活かしていません。

今は、キーワード入力で一気に検索できます。欲しいファイルを見つけたり、関連するフォルダを開くなど簡単にできます。10年、20年前であれば、検索速度が遅かったり、制限があったため、アナログ的な考え方、例えば、フォルダを細かく分けすぎないとか、フォルダの階層を3階層までにするみたいな整理・保管方法が適切でした。

しかし、現代は探すことにおいては、コンピュータのほうが人より圧倒的に優れています。フォルダの数や階層はあまり気にする必要はありません。

Windowsを例に、検索のポイントやコツをいくつか紹介します。あなたが使っているWindowsのバージョンにより若干検索方法は違いますが、考え方は同じです。

・検索ボックスを使って検索

Windowsのスタートメニュー、エクスプローラーの画面右上、タスクバーなど、さまざまなところに検索ボックスがあります。ファイル名の一部や内容に関連するキーワードを入力すると、その文字を含んだ候補が表示されます。スペースで区切って文字を追加すれば、さらに検索候補を絞り込むことができます。ファイルの種類（例：pdf、ppt）も追加できます。

検索でヒットしたファイルは直接開いたり、ファイルやフォルダの場所を開くこともできます。

・検索に適したフォルダ分けやファイル名で整理

フォルダ名は、書類の整理や分類のように、フォルダの中身がわかる名前やカテゴリー名をつけていれば、特に問題ありません。検索するときに使いそうなキーワードが含まれていることが大事です。

ファイル名については、ファイルのカテゴリーや内容、日付が含まれていると検索しやすくなります。

ファイルの更新頻度が高い場合は、ファイル名の最後にファイルのバージョンをつけると変更履歴が管理しやすいです。ただし、「最終」という言葉はできるだけ使わないほうがいいです。最終だと思ったファイルが再度更新され、「最終2」「最終3」などとわけがわからなくなるからです。

またファイル名はカテゴリーで管理するか、時系列で管理するかによって名前のつけ方を変えましょう。特にファイル名の最初の文字を意識すると、文字列順や時系列順で表示されるため見やすいです。

- ［カテゴリーの最初の文字］_［カテゴリー］_［内容］_［日付］_［バージョンナンバー］
  例）s_セミナー_大阪オープニング_20181201_v1.pptx
- ［日付］_［カテゴリ］_［内容］
  例）20181201_議事録_マーケティング定例.pdf

・フォルダ内のファイルやフォルダをすばやく選択

現在開いているフォルダ内で検索したいファイルやフォルダの名前がわかっていれば、その名前をウインドウ右上の検索ボックスにキーボードでタイプするだけで、一瞬でそのファイルやフォルダを見つけることができます。フォルダにたくさんのファイルやフォルダがあり、目視で探す際には便利です。

・デスクトップをスッキリさえる

デスクトップには、基本何も置かないようにしましょう。不要なものは削除します。強いて言えば、よく使うアプリケーションやフォルダへのショートカットアイコンを数個置く程度です。デスクトップに一時的にファイルやフォルダを置きがちな人は、別途、一時作業フォルダを作っておくと便利です。

デスクトップが整理されていないと、「ファイル整理ができない＝仕事もできない」とレッテルを貼られることがあります。

point

人より優れているコンピュータの検索力を使う

8

机の上を整理すると集中力も高まる

机の上がゴチャゴチャしていて、よく探しものをする人は多いのではないでしょうか？

あなたは大丈夫ですか？

机の上に書類やモノが散乱しているということは、頭の中もゴチャゴチャになっている可能性が高いです。仕事のテンパり度合と考えてもいいかもしれません。つまり、**机の上の整理状態は、頭の中の状態を表している**と言えます。

当たり前ですが、机の上は実際に作業を行うスペースです。今、集中すべき仕事以外の資料やモノがあれば、そちらが気になり、あなたの集中を妨げます。つまり**自分自身で仕事に集中できない環境を作っています。**

机の上には、電話やパソコンなど必要最小限のもののみを置くことです。残りの仕事関連の書類は机の中や他の場所にしまいます。小物などは置き場を決めておきましょう。

そうすることで目の前の仕事に集中でき、効率も上がり仕事を早く終わらせることができきます。

机の上に置きっぱなしで、片づけられない理由のひとつは、やるべき仕事の順番が決まっていないからです。

そのため、作業仕分けをすることが重要になります。何をいつはじめ、いつまでに片づけるのかを決めるのです。そして、机や引き出しの特徴、モノの配置やレイアウトの意味を踏まえた上で、どこをタスク置き場にするかを決めることが大事です。

退社時には、電話以外何もない状態にしておくことが理想です。

point

机の上には今やるべき仕事だけを置く

第6章まとめ

- 仕事関連の資料や情報がバラバラに管理されていると探しものが増える
- できるだけ同じところに資料や情報を集めて保管する
- メモを捨てる方法を考える
- 書類もデッドラインで管理する
- メールは整理するのではなく、検索するもの
- メールを見る優先順位を決め、自動的に仕分ける
- パソコンのファイル管理を技術の進歩に合わせてアップデートする
- 机の上には何も置かない

チェックしましょう！

チェックがついたら、本章を読み返しましょう

- □同じ情報を複数のタスク置き場で管理している
- □資料や情報を分類分けしすぎている
- □ファイルボックスやクリアファイルを持ち歩いていない
- □メモをあちこちに残している
- □書類を何でもかんでも残している
- □メールやクラウドサービスを書類整理に使用していない
- □締め切りがわからない書類管理になっている
- □書類を2回以上読み直している
- □メール検索に苦手意識がある
- □メールを1語で検索している
- □すべてのメールを同じフォルダで受信している
- □返信忘れの対策をしていない
- □ファイル名は「検索しやすさ」を考えずにつけている
- □デスクトップに一時的なファイルを置いている
- □帰宅時に机の上にモノがいくつも置いてある

第７章

時間効率を上げる「ちりつも力」

1

「自分は遅い」と認める人ほど成長する

できる人と一緒に仕事をすると、スピード感覚や時間感覚の違いに驚かされることがあります。あなたはこの違いを感じたことはありますか？

限られた時間内で、成果を出す人の仕事の進め方は、シンプルでリズミカルです。スイッチがオンになり、高い集中力と異常なスピードで優先順位の高い仕事から一気に取りかかります。終われば、スイッチがオフになり、一休みします。これを繰り返しています。

このスピードや時間感覚の違いを感じたときは、成長できる絶好のチャンスです。

この違いを客観的に見てください。変なプライドを持って、自分が遅いことをごまかしたり、見栄を張って隠そうとしてはいけません。**素直に「自分は遅い」と認め、仕事が速い人から、どういったことがマネできるかを考えることが大事です。**

まずは、この違いの要因は何かを具体的にしましょう。

専門知識なのか、進め方なのか、コミュニケーションのとり方なのか、「何が違うのか？」を明確にし、「どこにギャップがあるのか？」を特定することです。

次に、そのギャップを埋めるために、「何がそのギャップを生むのか？」「どうすればそのギャップを埋められるのか？」という流れを意識し、合理的に考えます。そうすることで、実際に何を学ぶ必要があるかが見えてくるので、あとは実行していくだけです。

ただし、一から自分で学ぶのは時間がかかりますから、教えてもらうことが賢い近道です。

「私には無理かも」と思って、諦める人もいるかもしれませんが、それはデキる人の今の状態、つまり結果しか見ていないからです。そこに至った過程や手段に目を向けなくてはなりません。もし「このままだとマズイ。本気で変わりたい」と強く思っているのであれば、**デキる人がそこに辿り着くまでに取り組んできたことに目を向ける**ことが大切です。

そして、まずはやってみることです。

point

仕事のできる人とのギャップを具体的にしてから埋める

2

自分の「タイムゾーン」を見つけると集中できる

あなたのパフォーマンスが高い時間帯はいつですか？

得意だと感じる時間帯は、人それぞれ違います。まずは自分が最も集中でき、パフォーマンスの上がる時間帯がいつなのかを把握することが大切です。

そして、その時間帯を最大限活用するために、外部から邪魔されず、集中できる環境を作っていきましょう。

一般的には、**午前中は頭がスッキリしていてよく働くので、「頭を使う」仕事に適しています。**例えば、企画やアイデアを考えたり、プレゼンの構成を検討したり、原稿の内容をまとめたり、自分の考えや意見をまとめたり、表現したりする仕事が向いています。

午後は能率が悪くなり、集中力が落ちやすい時間帯です。あまり頭を使わない単純作業やルーチンワーク、経費精算など粛々とできる定型的な仕事、簡単に仕上げられる仕事、あまり成果に質を求められない仕事などが向いています。

ミーティングを午後にするほうがいいという考え方もあります。主な理由は、人と話すから眠くなりにくいとか、ミーティング中は頭をあまり使わない時間もあり、頭が働く午前にミーティングするのは、もったいないなどです。

ただ、根本的には、**そんな緩いミーティングは改善すべきです。**とは言え、意味のないミーティングだと思っていても、立場上、参加しなければいけないものもあるでしょう。その場合、ミーティングを午後に設定し、午前中は頭を使うクリエイティブな仕事に集中するなどの調整が大切です。

いつ何をするかによって、パフォーマンスは変わってきます。どの時間帯に、どの仕事をするかを計画することは重要です。

point

自分の得意な時間帯を最大限活かす

3

「タイマー」を使って集中力をアップする

あなたは集中できずにダラダラと過ごしてしまったことはありませんか？　特に何をしたというわけでもないのに、気づいたら、30分も経っていたみたいなこと。

集中できないときは、誰にでもあります。疲れていたり、他に気になることがあったり、仕事がつまらなかったり、何か不安や懸念があったりなど、いろいろな理由があると思います。

そのようなときは無理をして、難しい課題に取り組んだり、クリエイティブな仕事をして頭を使う業務をしてはいけません。

ルーチンワークのような定型業務や、正確性を求められない単純作業などにシフトするほうが時間を有効に使え、成果を出せます。

しかし、それでもなかなか勢いがつかず、今日中に終わらせなければいけない作業が残っていたりします。そのようなときにおすすめする方法は、「タイマー」を使うことです。

タイマーを使うと、デッドラインの意識が強くなり集中力が上がります。

まず、**仕事の内容や予定を分割して、短時間で各作業を完了できるぐらい小分けにします。**

次に、**「この作業を10分で終わらせるぞ」などと目標タイムを決めます。**

そうしたらタイマーを10分に設定し、タイムアタックです。一気にその作業を終えるように仕向けるのです。


また、タイマーを使って集中力と生産性を上げるテクニックのひとつとして、「ポモドーロ・テクニック」というものがあります。

ポモドーロ・テクニックは「仕事と休憩」をセットとして、それを繰り返すことで仕事に集中します。

例えば「25分仕事→5分休憩」を1セットとして、4セット（2時間）終わったら、少し長めの休憩（例：15分）をとるというものです。メリットは、タイマーを使って短い時間に集中することができるようになることです。「25分だけ集中すれば5分休憩がある」と思うと、やる気も湧いてきます。

このようにタイマーを使うことで、少なくとも一歩一歩着実に仕事を終わらせていくことができます。成果や実績を出していくだけではなく、達成感を積み重ねることで、「やり続けられた」という自信にもつながっていきます。

また、仕事のマンネリ化を防ぐメリットもあります。

point

仕事の時間を分割して、集中できるように自分を騙す

4

仕事を「ゲーム化」すると自由時間も増える

「つまらない仕事」は、私たちの「時間」を奪います。つまらない仕事は長く感じますし、実際に時間がかかります。ですから、つまらない仕事を減らすことが大事です。

そこで、仕事をゲーム化することをおすすめします。ただし、仕事の楽しさを探そうというわけではありません。

ゲームには目的、課題、ルールがあります。お姫様を助けるという目的だったり、それを邪魔する敵（課題）だったり、敵に当たったらゲームオーバーになるというルールだったり。これを仕事にも取り入れるのです。

例えば、見積もり作成時間を10％減らすことが目的だとします。仮に、今まで1時間かかっていたとすれば、6分をどのように縮めるかが課題になります。もし見積もり作成が54分よりも早く終われば、ご褒美としてスイーツを余分に食べられるようにするなどの自分なりに楽しめるルールを作ります。ゲーム感覚で臨むことで、嫌なプレッシャーやストレスを感じることなく、見積もり作成業務のスピードアップを図ることが可能です。

クリアできないゲームは楽しくありません。そこで、私たちはルールの中で課題をどう解決するかを真剣に考えます。これを繰り返していくと、成果を手に入れるためにはどうすればいいかを考える癖がつきます。

また、ゲームは一度クリアしてしまうと、誰でもクリアできるレベルでは満足しなくなります。難易度が高いものに挑戦したり、同じゲームを今までよりも効率良くクリアしたくなるのです。54分かかる作業なら、自分なりに工夫して50分で終わらせようとします。

このようにゲーム感覚で仕事に臨むことで、仕事のモチベーションが変わります。主体的に仕事に取り組めるようになり、効率が上がります。

point

仕事の意味合いを変える

5

「今必要な知識」を優先する

「何がわからないのか、わからない」ために、思考や行動が止まることがあります。その状況を打破するには、その分野の全体的な知識を得ることが大事です。

限られた時間内で最も効率良く学ぶ方法のひとつは、**その分野に詳しい人に教えてもらうことです**が、そのような人がいない場合は、インターネットや本で情報を収集します。

ただし、明確な目的を持たずに情報収集してしまうと、今必要のない、優先度が低いものを見てしまい、時間を使ってしまいます。

そんな時間の使い方をするのはもったいないし、効率も悪いので、今本当に必要な情報や知識だけを得ることに集中しましょう。

いくつかのサイトを確認して、まずは知りたいことの概要を掴みます。ひとつのサイトに依存しない理由は、間違った情報や偏った見方や考え方を避けるためです。

しっかりとした**全体的な知識を得ようとするならば読書です。**

簡単に読めそうな入門書を3冊以上読むことからはじめましょう。初心者には1冊の分厚い本をじっくり読むよりも、複数の本を短時間で読むほうが効果的。まずは、入門書レベルを3冊読み、共通点・相違点を整理するだけで、その分野の概要がわかります。

すべての本で共通していることは、その分野の本質的なことや大事な基礎だったりします。また違う点は著者の立場や考え方による違いであり、この点を理解することで、いろいろな手法やアプローチを学べ、多角的に考えることができるようになります。

「わからない」という理由で思考停止するのは、時間を想像以上に浪費します。

まずは、「自分は何がわかっていないか?」「わかるには何をすればいいか?」を自問自答することが重要です。

そして、あるべき姿とのギャップを埋めるように、具体的に対応策を考え、実行することが大切です。

point

わかっていないことを認識し、教えてもらうか、自分で学ぶ

6

「ググる力」と「パクる力」が仕事力を決める

あなたは、ネット検索に慣れていますか？

質のいい情報をインターネットから短時間で収集する力は、仕事にとって欠かせないスキルです。つまり「ググる力」です。だいたいのことは調べればわかります。

「わからないことをわからない」ままにしていると、進歩や成長がありません。また、他の人から、「意志力のない人」あるいは「自発的な行動をできない人」と評価されてしまいます。ちょっと調べればできることなのにやれないからです。

もし「ネットの知識なんてレベルや精度が低い」と思っているならば、それは大きな間違いです。**「ググる力」がない、つまり「情報収集力がない」と考えるほうがいいでしょう。**

とは言え、情報を集めたら、複数の情報源を確認し精度を上げることも大切です。

複数のキーワードで検索してみる、複数のサイトを確認するところからはじめましょう。また画像や動画検索など、集めたい情報に合わせた検索をしていくことも有効です。

「filetype:pdf」のようにファイル形式を設定して、ＰＤＦファイルだけを検査結果に表示する手もあります。

次に「パクる力」ですが、この言葉は「ＴＴＰ」の「徹底的にパクる」からきています。この「ＴＴＰ」は、トリンプ・インターナショナル・ジャパン元社長の吉越浩一郎さんが考案した概念です。ポイントは、**「いいことは積極的に取り入れる」**ということです。もちろん、「そのまんまパクる」のではありません。自分流にアレンジしていくことが大切です。「優れた芸術家は模倣し、偉大な芸術家は盗む」という言葉もあります。「盗む」や「パクる」という表現に違和感があるならば、「参考にする」という表現でもいいと思います。

大事なことは、ググり、人と話し、さまざまないいアイデアを取り入れて、自分なりにやってみることです。続けることで、実行して成果を出す力が確実に身につきます。

point

ググって情報収集し、パクっていいことを取り入れる

7 ムダを減らす「ちょっとした技術の積み重ね」

あなたは、パソコンの操作に必要以上に時間をとられていませんか？

パソコンやメール、ソフトウェアの使い方が原因で仕事が遅くなるのは致命的です。基本的な操作を覚えるのは当然ですが、それ以外に知っている人とそうでない人とで差がつく小技を３つご紹介します。

① 辞書登録：よく使うフレーズを登録する

辞書登録とは、単語と読み方をパソコンに登録し、その読み方を入力した際にスムーズに変換される機能のことです。通常、漢字変換では出てこない専門用語や名前などを登録します。しかし、この辞書登録のメリットは、単語だけではなく、文章やメールアドレスなども登録できるところです。

例えば、使用頻度の高い文言（「いつもお世話になります。ビジネスファイターズの飯田です。」）を単語に、読み方を「いつも」で登録しておけば、「いつも」と入力するだけで、登録した文章が変換候補として表示されます。

つまり使用頻度の高いフレーズや文言、また入力が面倒なメールアドレスや英単語などを辞書登録すれば、たったの数文字入力するだけで、何十文字も書くことができます。また、印象の良かった言い回しや、ビジネスの定型文なども登録しておくことで、すぐに使えるようになり、間違った言い方や誤字脱字なども減らすことができます。

大事なことは、どのような状況でどのように使うかを判断できるようになることです。学生のときのように覚えることに時間を費やすより、考えることや決めることに時間を割くことが重要です。

② ひな形：メールの署名も活かす

文書作成や表計算、プレゼンテーションなどのソフトには、多くのテンプレート、つまりひな形が入っています。あなたは、これらのテンプレートを有効活用していますか？社内報や会議議事録、アルバイトのシフト表やプロジェクトのタスク一覧、トレーニングセミナーや販売提案プレゼンテーションなど、あらゆるビジネスシーンで使えるひな形が用意されています。

メールにおいては用途ごとに、テンプレートを用意しておくと便利です。イベントのご案内メール、打ち合わせのお礼メール、提案や質問に対する回答メールなど、ネット検索すれば相当の数の見本やサンプルを見つけることができます。よく使うテンプレートを持っておくと、毎回、見本を探す手間がなくなります。

さらにメールの署名も有効活用することがおすすめです。挨拶文や定型文を打ち込んでおけば、あとは本文を書き足すだけでメールがあっという間に完成します。

③ショートカット：マウスを使いすぎない

パソコンの作業スピードを上げるコツはマウスを使いすぎないことです。ブラインドタッチのスピードアップを上げることも大切ですが、ショートカットキーを使うことが特に効果的です。キーボードを使い、マウスを使いすぎないようにしましょう。キーボードとマウスの間を手が行き来するようなムダな動きが減り、時間短縮できます。

パソコン操作でよく使用するコピーやペースト、カットなど基本的なショートカットの操作に慣れている人は多いと思います。しかし、これ以外にも多くのショートカットがあります。

ただ、ショートカットをいきなり覚えようとするのは得策ではありません。自分に関係ない操作も多いからです。そこで、メールやワード、エクセルなど何を使うにしても、とりあえずAltキーを押してみることです。Altキーを押すと、下の画像のようにガイドが表示されるため、暗記する必要がありません。まずは従って試してみることです。

よくマウスで行っている操作をキーボードで試してみて、マウスを使うよりラクなのか？　速いのか？　そんな観点で振り返りながら、スピードアップを図ることが大切です。

ガイドが表示されるAlt キーのショートカットに慣れてきたら、パソコンはマウスで操作するものという固定観念はなくなってきていると思います。この時点であれば、ガイドが表示されないCtrl キーやShift キー、方向キー、Windowsキーなどのショートカットを覚えて一気に効率を上

Altキーを押すとガイドが表示される

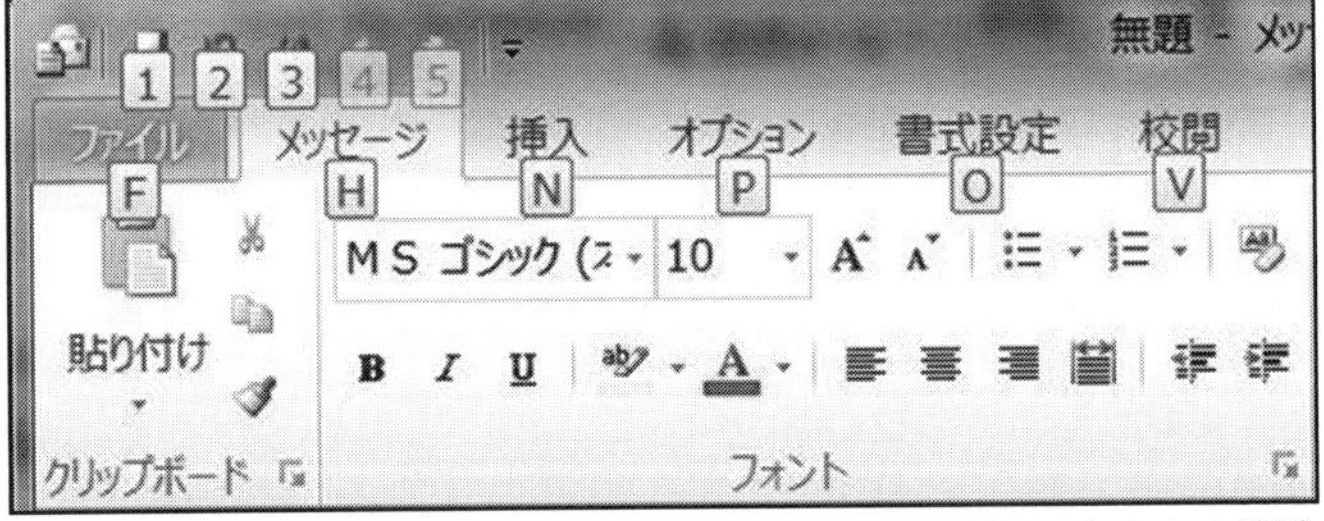

Microsoft Outlookの場合

げることもできます。

実は、これらの小技をやったところで、１回の操作が数秒程度、節約できるぐらいです。大きな効果や成果は期待できません。しかし、この積み重ねは無視できません。何十回、何百回となれば、最終的には大きな時間短縮につながります。

時間短縮できるワザをどんどん身につけて、自分なりに極めていくことが重要です。

point

「いかにラクができるか」を追求すれば、どんどん時間短縮できる

8

退社前に「復習」と「予習」をする

退社前に今日の振り返りと明日の段取りをしっかり行うと、明日が今日よりもうまくいきます。そのときは自分と対話しながら進めることが大事です。振り返ることで新たな気づきを学べ、段取りすることで翌日の朝からロケットスタートができます。具体的には次の3つを行います。

① 振り返る

「今日、やったことは何か？」

「やり残した仕事があれば、なぜ終わらなかったのか？」

「今日の教訓は何か？」

② 作業仕分けで、明日に備える

仕分け①：明日やることを明確にする

「明日以降に、追加でやるべき仕事はあるか？」

「締め切りや作業内容の変更はないか？」

「何かモレがないか？」

仕分け②：いつ何をするか決める
「やり残した仕事は、いつするのか？」
「新たに増えた仕事は、いつするのか？」
「明日、空き時間を確保できているか？」

仕分け③：タスク置き場を整理する
「明日やる仕事はどこに準備してあるのか？」
「バラバラに保管・管理されていないか？　片づけたか？」
「明日、スグにはじめられるか？」

③スキマ時間にやる作業をリストにする

ちょっとした待ち時間や突然できた空き時間に、あなたは何をしていますか？

待たされてイライラしたり、やることがないから、ぼーっとしていませんか？

このスキマ時間をどのように活用できるか真剣に考えることは、時間管理をする上で重要です。

仮に3分もあれば、かなりのメールを処理できます。電話も1件、2件かけられます。書類に目を通したり、郵便物を確認することもできます。基本、スマホがあれば、場所を問わず、メールチェックや情報収集も簡単にできます。

要するに、**「スキマ時間」を何もしない待ち時間から、価値を生む「使える時間」に変えるのです。**

この限られたスキマ時間にタイムアタックをするかのように集中できれば、従来では考えられなかったアウトプット、成果を出すことができます。

スキマ時間を使って仕事をする習慣が身につくまでは、普段から3分や5分でできることを考えておくといいです。やることを迷わないように、事前にリストアップしておきましょう。スキマ時間の活用を考えることで、時間をムダにしたくないという意識が芽生え、時間効率を上げることにつながります。

point

仕事の効率を高めるには振り返りと段取りが大事

第７章まとめ

- 素直に「自分は遅い」と認め、できる人とのギャップを具体的に埋める
- 自分に合った時間帯を徹底的に活かす
- タイマーを使って、一気に仕事を終わらせる
- ゲーム感覚で仕事に臨むことで仕事のモチベーションが変わる
- 知識を増やして「わからないから、できない」を減らす
- ググって、パクって、まずはやってみよう
- 辞書登録、ひな形、ショートカットを使いまくる
- 日々の振り返りと段取りで成果を出し、成長し続ける
- スキマ時間を使いこなす

チェックしましょう！

チェックがついたら、本章を読み返しましょう

- □「自分はムリ」と思い込んでいる
- □今のままでいいと自分に妥協してしまう
- □得意な時間帯にジャマされている
- □簡単なルーチンワークを午前中にしている
- □タイマーを使ったことがない
- □集中力を高める努力を怠っている
- □ひとつの情報源に頼りすぎている
- □「わからない」という理由で思考停止している
- □「ネットの情報は信頼できない」と思っている
- □「他の業界や分野から学ぶ」ことはないと思っている
- □小手先の技術を軽視している
- □「まとめ」や「おさらい」をしていない
- □仕事を日々効率良くなるような工夫ができていない

第８章

仕事のやり直しを防ぐ「逆算思考術」

1

やり直しを防ぐ「スマートゴール」

あなたは一生懸命やったのに、「やり直し」と言われガッカリした、そんな経験はありませんか？

「やり直し」は、本当にムダです。「だったら、はじめから言ってよ」と思うこともよくあります。

このようなことが起こる原因は、目標としているゴールが違うからです。

同じ仕事でも目的やゴールが違うと、やるべきことや、それにかかる時間が変わってきます。そのためゴールを明確にすることが重要です。

そこで、目標達成に効果的な「スマートゴール」という目標設定の方法を紹介します。

スマートとは、英語のＳＭＡＲＴからきています。次ページの５つの頭文字を並べたものです。この５つの要素を入れてゴールを設定することで、達成したいことが具体的かつ明確になります。

例えば、「ダイエットする！」ではなく、「私は毎日８キロ歩いて、12月31日までに体重を３キロ落とす」とすれば、誰が見てもわかりやすく、誤解がなくなります。

また「ゴールから逆算で考える」ことが重要です。

「とにかくがんばろう」とコツコツ積み上げる考え方ではありません。明確なゴールを設定することにより、計画をしっかりと立てられ、最短で目標を達成できるようになるのです。

point

明確なゴールから逆算して考える

SMART ゴール

S Specific	具体的で、わかりやすい
M Measurable	測定可能で、数字になっている
A Achievable	達成可能で、現実的になっている
R Relevant	会社や自分の目標と関係している
T Time bound	期限が明確になっている

2

やるべき作業のヌケやモレをなくす

仕事で抜け漏れが出てしまうことは、誰にでもあります。その主な原因は、目の前の作業に没頭しすぎてしまい、仕事の全体像や流れを考える余裕がなくなるからです。最終的な成果を得るために必要な作業を洗い出すのではなく、目の前の作業の結果や状況をもとに、今やったほうがいいと思う作業をはじめてしまうのです。

このやり方だと仕事全体の見積もりが難しくなります。目の前の問題の解決だけを考えていると、本来やらなくてもいい余計な仕事をやってしまったり、不必要に時間を使ってしまったりすることがあります。

例えば、企画のアイデアを増やすことが狙いなのに、ミーティングに参加してもらう人の調整に時間をかけすぎたり、企画書を作るのに、内容を考えるよりも見た目を気にして画像を検索しはじめたりするようなことです。

本来やらなくてもいい、あるいはそこまで時間をかける必要がないことをしていたら、余裕がなくなります。その結果、余計に慌ててしまい、ミスも出やすくなります。締め切りに間に合わなくなることも増えます。

抜けや漏れをなくす有効な考え方やテクニックが、**ＭＥＣＥとＷＢＳ**です。

ＭＥＣＥとは、Mutually（お互いに）、Exclusive（重複せず）、Collectively（全体に）、Exhaustive（漏れがない）の頭文字をとったものです。ＭＥＣＥに考えるとは、「重複なく漏れがない」ように全体を把握することです。

ＷＢＳとは、Work（作業を）、Breakdown（分解して）、Structure（構造化する）の頭文字をとったものです。目的を達成するために必要な作業を、漏れなく階層別に細分化し、ツリー構造で表示したものです。

次ページの図は、３キロ減のダイエットを例にしたＷＢＳです。

このように、**最終的な成果を得るために必要な作業や成果を逆算的に考えると全体が見えてきます。**この図では、「減らすこと」や「増やすこと」という言葉を省いていますが、**名詞で表現することで、各成果を得るために何をする必要があるのか、具体的にどういう行動をすべきかが見えてきます。**

WBSで全体を把握する

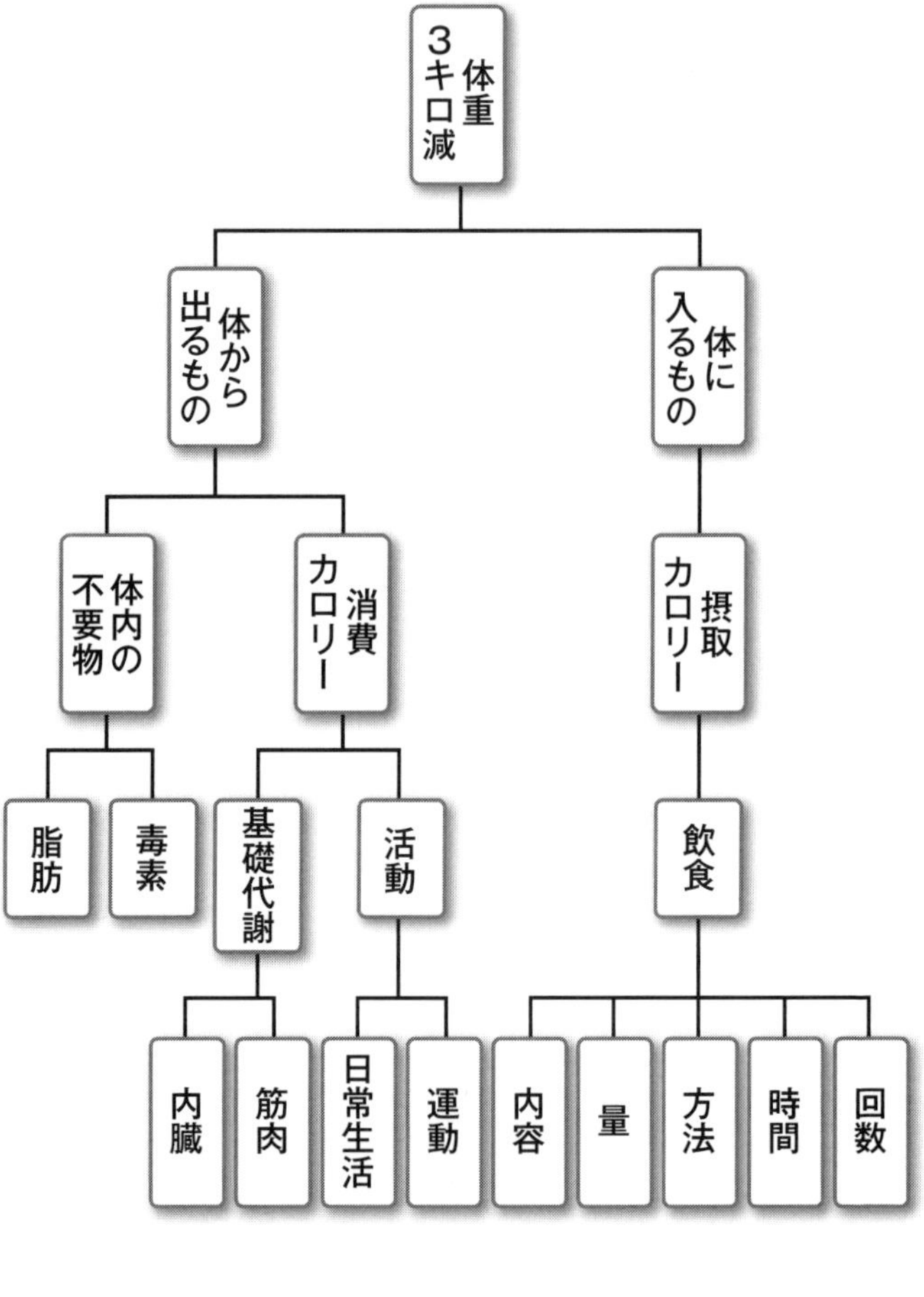

こうすることで、最終的な成果を得るために必要な作業のヌケやモレを防げ、何をやり遂げるべきかが明確になります。

大きな仕事においても、このように分解して計画・管理できるようになります。特に他の人と一緒に仕事を進めていると認識が違うことがあります。それは、各自のやっていること（作業内容）と、必要としている成果にズレがあるからです。何を得るために、その作業をするのかを確認し合うことも大切です。

ＷＢＳは最初から完璧に作る必要はありません。特にやったことがない仕事であれば、一旦わかる範囲で作ります。すると仕事を進めていく中でわかることが増えてくるので、何が必要かが見えてきたら、その都度追加します。最終成果を最短で得るために必要な作業を網羅していく姿勢が大切です。

point

仕事を分解して作業を洗い出し、計画・管理できるようにする

3

「ガントチャート」で、仕事の流れが一目瞭然

仕事全体の予定を把握するために、1カ月のカレンダーを使う人は多いです。壁かけのカレンダーや見開き月間カレンダーなどブロックタイプのものだと、1カ月の予定を一覧できます。

しかしプロジェクトや複数の仕事の進捗を把握するには、「ガントチャート」と呼ばれる工程表がおすすめです。

ガントチャートは、縦軸にやること、横軸に時間を並べたスケジュール表です。プロジェクトやチームでの仕事を管理するときに便利です。

「誰がいつまでに、何を終わらせるべきか」や、仕事の順番や流れ、進み具合が一目瞭然になるので、仕事の開始から終了までの工程をしっかり管理する際に有効です。

長期的視点に立ったガントチャートから、自分がやるべき仕事を抜き出し、個人として

ガントチャートで仕事全体の予定を把握する

	責任者	開始日	終了日	ステータス	1週	2週	3週	4週	5週
作業 A	担当者 1	10月 15日	10月 26日	作業中	■	■			
作業 B	担当者 2	10月 22日	11月 2日	未着手		■	■		
作業 C	担当者 1	11月 5日	11月 16日	未着手				■	■
作業 D	担当者 3	10月 29日	11月 9日	未着手			■	■	
作業 E	担当者 2	11月 5日	11月 16日	未着手				■	■
作業 F	担当者 3	11月 12日	11月 16日	未着手					■

「いつやるべき」かの予定を立てることも大事です。

週単位や1日単位に予定を落とし込んでいくことで、現実的な予定を立てることができます。今週だけではなく、来週以降に何をすべきかも見えてきます。

要するに、「長期スケジュール」から逆算して「短期スケジュール」を立てることが大切です。

point

チームプロジェクトは全体を俯瞰し、個人のスケジュールに落とし込む

4

「待たせる」をなくす「作業の順序確認」

仕事が遅い人は、「取り組む順番」が誤っていることがあります。

仕事には、守らなければならない作業の進め方や順序関係があります。この順番を守らずに作業を進めると、周りの人を待たせてしまい、迷惑をかけたり、前の作業に戻ってやり直しをしなければなりません。

この根本的な原因は、仕事全体の流れを把握していないことです。

ＷＢＳを使って全体像を把握したあとは、下記のような**フローチャートを作って、作業の順序や関係を確認することが大事です。**

フローチャートで取り組む順番を把握する

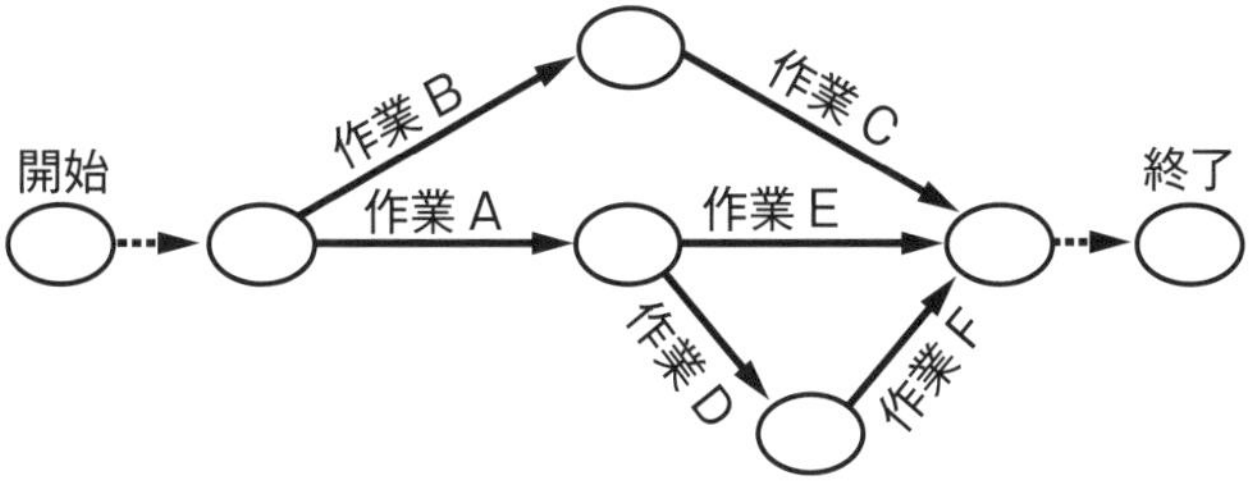

作業を矢印で、作業間の区切りであるマイルストーンや成果物を丸印で表します。このフローチャートにより、各作業の前後にやらなければならない作業や、同時並行して進めなければならない作業など、全体の仕事の流れがわかってきます。

またあなたが仕事を終えるのを、次の人が待っているという自覚を持つことです。「自分の仕事が終わったからいい」という自己中心的な発想ではなく、第1章でも述べましたが、常に「後工程はお客様」という意識を持ち、「次の人が仕事がしやすいよう」にというサービス精神を持つことが大切です。

この「気が利く」という発想力により、コミュニケーションや人間関係が円滑になり、仕事をうまく進めることができます。

point

他人の作業の流れも考慮した計画を立てる

5

「報連相」ではなく「確認&相談&共有」

報連相とは、報告、連絡、相談のことです。元々は、一人では解決が難しい課題をみんなで取り組み、解決できるようにするためにすすめられていました。しかし、最近では上司のために部下が自発的にすべきものだと思っている人が多いようですが、間違いです。

報連相の概略について述べましたが、本項で伝えたいことは、報連相をどうするかではありません。変化の速い現代において、「どのように課題を吸い上げ、迅速に解決するか」「気づかないリスクに対して、どう対策していくか」です。

リスクによっては、わかった時点で手を打つには遅すぎる場合もあります。**問題が起きてからの相談では遅い**のです。自分では大丈夫だろうと思った最初の段階で、**念のために事前確認することで回避できることは意外に多い**ものです。まずは、大丈夫だと思う根拠あるいは判断理由を持ちましょう。

判断ができなければ、まずはググってみることです。過去に似たような課題に取り組んだ人の体験談や何か参考にできるものはないかを確認してみてください。自分なりに最低限調べてから、**上司や先輩、ベテランの人にどんなリスクの可能性があるかを確認や相談する**ことも大事です。このときに、「自分なりの答え」を持っておき、「私はこう思うがどうでしょうか？」という切り出しをすることが大切です。このような自発的な行動は上司からの受けもいいです。

また、**日々変化する現場の状況を周りの人と共有する**ことで、自分が気づいていないリスクや変化、あるいは対策案などのフィードバックをもらうこともできます。つまり、リスクや失敗の確率を減らすことができるのです。

「確認＆相談＆共有」をうまく使うことは、時間管理の面において、とても重要です。

point

課題解決やリスク対策に有効なやりとりの方法を考える

6

「3つのWHAT」で、前向きな行動を生む

ビジネスの世界では「なぜ？」を繰り返すことが大事と言われています。目的を持って行動するためでもあり、問題が起きたときの原因を見つける手段としても有効なためです。

しかし、振り返るときは、原因特定が目的化してしまうことがあるため、常に解決策をセットで考える必要があります。そこで役に立つのが「３つのＷＨＡＴ」です。

振り返るときは、以下の３つのＷＨＡＴで質問を繰り返します。

① WHAT HAPPENED？（「何が起きたのか？」）
② SO WHAT？（「だから何？」「どういう意味？」）
③ NOW WHAT？（「これからどうするの？」「今、何ができるの？」）

ここで注意したい点は、**問題を解決するために、焦点を人にではなく、行動に当てること**です。つまり、その行動をさせた状況や環境に目を向けることが大切です。

例えば、「なぜ、締め切りを間違えたのか？」ではなく、「何が、締め切りを間違えさせたのか？」です。これを繰り返すことで、仕組みやシステムを作るなどの具体的な解決策が見えてきます。

「なぜ」だけで考えてしまうと、否定的な言葉が多くなります。言い訳も増えます。何かを理由に「できない」と考えてしまいます。しかし、このＷＨＡＴをうまく使うことで、前進することが可能になります。

また、否定的な言葉を聞いたときに、「だから何？」「今、何ができるの？」と質問し、少しでも前向きに考え、行動する姿勢も大事です。

point

問題解決するためには、人にではなく行動に焦点を当てる

7

共通認識を持ち、思わぬミスを減らす

「あれ、３時までに提出でしたっけ？　今日の午後に出せばいいと思っていました。今すぐやります」

こんな食い違いが生じたことはありませんか？

認識の違いによる思いがけないミスは、人との関係やコミュニケーションで起きます。例えば、確認を怠ったミス、思い込みや勘違いによるミスです。

私たちは、いろいろな人と仕事をしますが、みんな考え方や性格が違います。立場や能力も違います。そして利害関係も違います。自分が「当たり前」だと思っていることは、他の人の立場から見れば、「当たり前」でないことがよくあります。

特に気をつけたいことは、コミュニケーションによる「ズレ」が起きないように、相手と話の前提をすり合わせることです。

話の前提が違ってくると、「認識が違っていた」ということになり、ミスにつながります。

そうならないようにするには、相手の立場に立って物事を考えることです。

仕事を頼まれたときは、「相手はどんな前提で話をしているのか？」「どうしても守らないといけないルールや決め事はあるのか？」「この言葉はどういう意味で使っているのか」を考えながら、仕事のゴール像をすり合わせる必要があります。

例えば、上司から「会議の資料作成」を依頼されたとします。そのときは「どういう狙いで、どんな情報をどのような構成で作るのか」といった考え方や詳細を上司とすり合わせる必要があります。

基本的に、**ゴールイメージは仕事の依頼者の頭の中にある**ものです。自分勝手にゴールを設定して、相手が求めているものからかけ離れているものを作ってしまうと、やり直すことになります。

依頼者と確認した内容や情報をもとに、目に見える形式で、例えば、図や絵、文字にして、それが正しいか、誤解やズレがないかを確認することが重要です。

point

あなたの「当たり前」と相手の「当たり前」が違うのが「当たり前」

8

相手は「わかったつもり」かもしれない

相手に伝えたつもりでも、伝わらないことがあります。それは、自分と相手の会話における基準が違うからです。仕事における立場や状況、経験や知識、考え方、価値観、常識と思っていることなどには違いがあります。

ですから、意思疎通や情報共有をうまく図るには、まず相手の基準と自分の基準の違いを理解することが大事です。そして、相手の基準（立場）で話を進めたり、自分の基準を相手に知ってもらうことが必要です。

また、話し手の伝えたつもりか、聞き手のわかったつもりが原因で相手に伝わらないことも多くあります。

例えば、長すぎる話や長文メール、曖昧な説明、わかりくい資料だと、聞き手に話し手の意図が伝わったかわかりません。

そのため、伝える側は次の４つのポイントを押さえておくことが大事です。

① 短く伝える

相手に「何を」「いつまでに」「どのように」してほしいのかを、端的に伝えなければなりません。また「なぜ」それをする必要があるのかを伝えることも大切です。

② 結論が先

ビジネスのコミュニケーションにおいては、「ＰＲＥＰ」（下の図参照）を意識した構造で話すと伝わりやすくなります。

③ イメージを使う

英語で「A picture is worth a thousand words（直訳：１枚の絵は１０００の言葉に値する）」という表現があります。日本

PREPでわかりやすく伝える

P POINT	ポイント・結論を先に言う
R REASON	理由を述べる
E EXAMPLE	具体例で補足説明する
P POINT	ポイント・結論を再度伝える

語のことわざ「百聞は一見にしかず」のような意味ですが、言葉よりもイメージを使ったほうが効果的に伝わるということです。ビジネスのコミュニケーションも同様です。

④相手の「わかったつもり」を確認する

伝えたつもりでも伝わらない難しさ、つまりコミュニケーションの齟齬《そご》を減らすことが大切です。

つまり、聞き手がこちらの言った意図をきちんと理解し、行動できるかを確認することが重要です。一緒に確認し合った内容を文字やイメージに落とし込みドキュメント化することが大切です。

コミュニケーションの構造を理解する

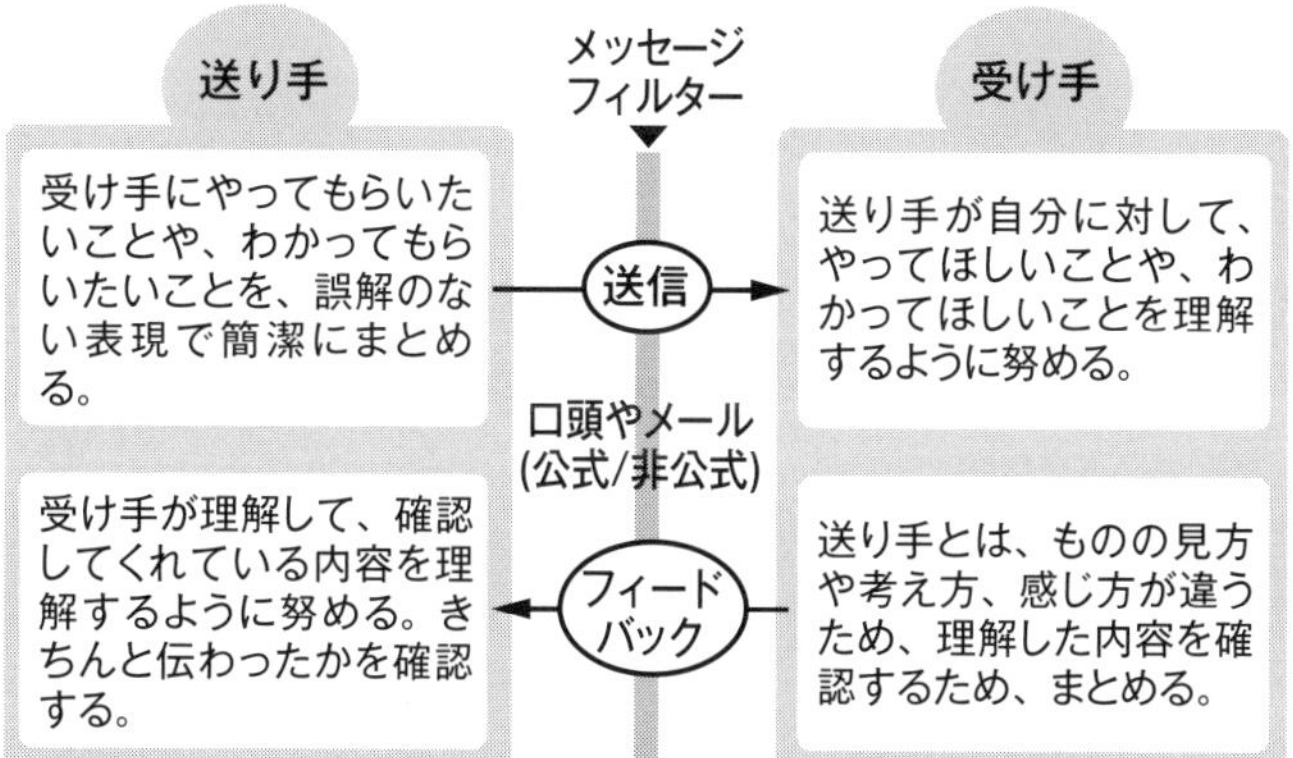
送り手
メッセージフィルター
受け手
受け手にやってもらいたいことや、わかってもらいたいことを、誤解のない表現で簡潔にまとめる。
送信
送り手が自分に対して、やってほしいことや、わかってほしいことを理解するように努める。
口頭やメール(公式/非公式)
受け手が理解して、確認してくれている内容を理解するように努める。きちんと伝わったかを確認する。
フィードバック
送り手とは、ものの見方や考え方、感じ方が違うため、理解した内容を確認するため、まとめる。

注意：知識、経験、文化、言語／非言語、態度、言い方などにより、送った情報やメッセージが、フィルターされてしまうことを意識する必要がある。

・レベル1　聞こえた
聞き手がうなずき、「わかりました」と、とりあえず返事できる
・レベル2　理解した
聞き手がこちらの意図を自分の言葉で説明できる
・レベル3　行動した
聞き手がこちらの意図をもとに行動できる

「自分以外は自分と違う」という大前提を持つことが重要です。コミュニケーションの構造を理解することで、仕事を円滑に進められるようになります。

point

相手は自分と違うことを念頭に置き確認をとる

第８章まとめ

・スマートゴールで目標を明確にする
・最終的な成果を得るために必要な作業を逆算的に考える
・ガントチャートはプロジェクトやチームでの仕事を管理するときに便利
・自分の仕事が終わるのを次の人が待っているという自覚を持つ
・問題が起きてからの相談では遅い
・問題を解決するために、焦点を人にではなく行動に当てる
・「自分と他人の認識は違う」という大前提を持ってコミュニケーションを図る
・聞き手がこちらの言った意図をきちんと理解し、行動できるかを確認する

チェックしましょう！

チェックがついたら、本章を読み返しましょう

- □やり直しを何度もしている
- □ゴールの見えない作業をしている
- □とりあえず目の前のことからやろうとしている
- □何を得るかを明確にせずに作業している
- □仕事を作業に分割していない
- □作業を誰がいつまでにやればいいか把握していない
- □仕事の流れを把握していない
- □取り組む順番を間違えることがある
- □課題やリスクを一人で抱えて、状況を悪くすることがある
- □フィードバックをもらったり、返したりしていない
- □原因を知るために、とりあえず「なぜ？」と考える
- □「今、何ができるのか」と自問することはない
- □やりとりを文字にしていない
- □伝えたつもりで伝わっていないことがある
- □自分の伝え方は常に正しいと思う

第９章

時間は金より
ケチって使え！

1

なぜ時間をお金のように予算管理しないのか？

「時は金なり」

私たちは、「時間はお金と同じように貴重なものだからムダ遣いしないように」と学びました。しかし、「時は金なり」の英語「Time is Money」の原文には別の意図があります。これは、アメリカの政治家であったベンジャミン・フランクリンが若い商人にアドバイスした手紙の一節からです。

超訳すると、「時は金なり、ということを覚えておいてください。1日働くと10円稼げるとしましょう。もしあなたが半日サボって、どこかに出かけ、6円使ったとすれば、それは6円使っただけではなく、本来得られるはずの半日分の稼ぎ5円も失ったということです」

ここでのポイントは、実際に使った費用だけではなく、他のことをすれば得られたであろう利益も失ったということです。要するに、時間の使い方次第で生み出す価値は大きく変わります。普段の仕事でも同じ考え方ができます。

やらなくてもいいことに時間を使えば、労力と時間を浪費しただけではありません。本来やるべきことをやれば、得ることのできた成果も失ったということです。つまり、一生懸命にやったとか努力をしたとか関係なく、単純に結果を出していないということです。限られた時間を何に費やすかを考えることはとても重要です。

▼時間を予算管理する

予算とは、入ってくるもの（収入）と出ていくもの（支出）を計画することです。例えば、買い物中に欲しいものを見つけたとします。しかし、予算がオーバーになれば買うのをやめます。

時間もお金のように予算管理することが重要です。

私たちは１日８時間と決まった勤務時間（収入）があります。この持っている時間をどのように使うか（支出）を真剣に考えなければなりません。**勤務時間内に仕事が終わらなければ、時間負債です。**

時間が経てば経つほど、やることが溜まっていきます。すると仕事を切り替えする機会も増え、効率がさらに悪くなり、仕事を終わらせるのにどんどん時間がかかります。仕事の利子がつくのです。

時間は平等です。私の1分もあなたの1分も同じです。この時間をどのように使うかを考えることが重要です。もちろん使ってしまった時間は取り戻せません。残っている時間に目を向けることが大切です。

ただ、お金を節約するのが難しいように、時間の使い方を自分の意思で変えるのは簡単ではありません。金遣いが荒い友人が周りにいれば、ついつい、つられて一緒に使ってしまいますが、時間も同じです。電話でダラダラと話し続けたり、目的がわからない打合せにずーっと参加させられたりします。どこかで見切りをつけなければなりません。

そのため、カレンダーを活用し、スケジュールを組み、「何にどれくらい時間を使うか」を管理していくことが大事です。

point

時間はお金のように取り戻すことはできない

2

「価値を生み出す仕事」で予定を埋める

▼「時間」と「価値」で仕事を整理する

限られた時間内で効率的に成果を上げるには、価値を生み出す仕事に専念することが重要です。そこで「仕事にかける時間」と「仕事により生み出される価値」をもとに仕事を整理していきます。

理想は、あなたのスケジュールが「短時間で終わる、高い価値を生み出す仕事（図表の①に属する仕事）」のみで埋め尽くされることです。そのためには、**生産性の低い仕事をやめなくてはいけません。**つまり、生み出す価値が低い仕事（図表の③と④）を減らすこと

「時間」と「価値」で仕事を整理する

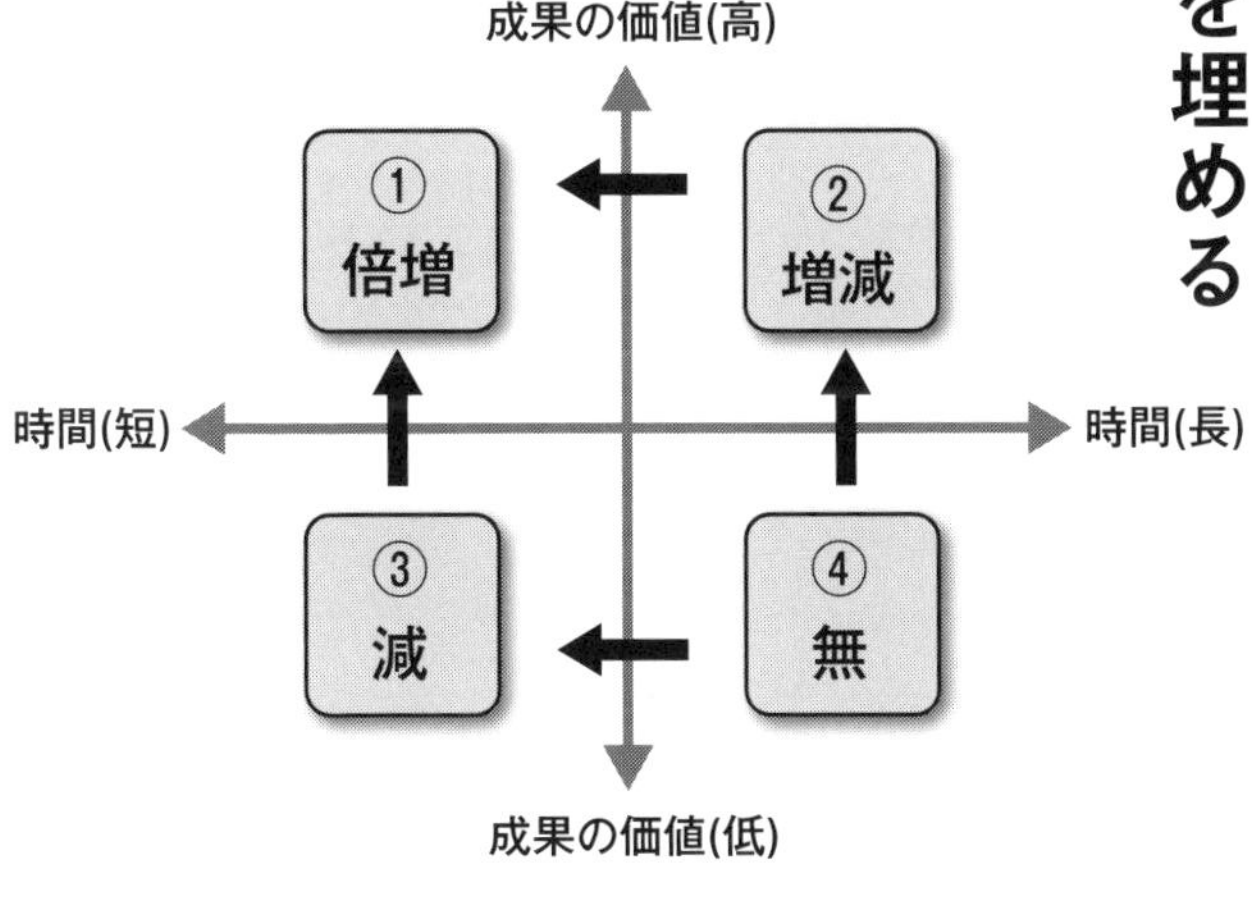

です。

結果的に、価値を生み出す仕事（図表の①と②）の比率が高くなります。

また、価値を生み出しているが時間をかけすぎている仕事（図表の②）を短時間で終わらせるように効率化することも大切です。

▼価値を生み出す仕事とは？

価値を生み出す仕事は会社や人によって違います。お客様のため、利益を上げるため、自分のためなど、観点によってさまざまです。また、成果は職種によっても違います。

そこで、価値を判断するひとつの方法として、**仕事の金銭的価値を考えてみること**

価値を生み出す、やるべきこと一覧表

やるべきこと	料金	所要時間	1時間当たりの料金	順位

があげられます。この仕事を人にお願いするなら、いくら払うかで考えてみるのです。

前ページのワークシートを使って、あなたの仕事の価値を測ってみましょう。

まず、やるべきことをリストにします。

次に、他の人にその仕事をお願いしたら請求されると思われる料金と終わるのにかかる所要時間を入れます。料金を所要時間で割れば、１時間当たりの料金がわかります。この金額をもとに順位づけします。

順位が高いほどやる価値があります。影響度も大きく、他の人にお願いするのが難しい仕事だとも言えます。

一方で順位が低いものは、誰でもできる定型業務になりえます。

本当に自分でやるべき仕事なのか、他の人にお願いできないかを検討することが重要です。自分にしかできない仕事に集中して、あなただから生み出せるものの価値を高めていくことが大事です。

point

自分にしかできない価値の高い仕事に集中する

3

労力を減らすと時間当たりの価値が上がる

時間をうまく管理するには、効率を上げることが大切です。つまり、ムダやロス、成果を得るための労力を減らすことです。

効率を上げるには、「ＥＣＲＳ」という考え方をもとに業務を改善することが重要です。ＥＣＲＳとは、次の４つの頭文字を並べたものです。

Eliminate：排除

そもそも成果につながらない、やる意味がない仕事はやめる

Combine：結合と分離

似ている仕事は結合するか集約して、同じタイミングで行う

関係ない仕事は別のタイミングで行う

Rearrange：入替と代替

仕事の順序やタイミングを調整する

作業する場所や担当者を変える

Sinplify：簡易化

仕事の自動化や標準化を進め、簡素化する

あなたが抱えている仕事を振り返りましょう。

まず、**必要のない作業をやめます。繰り返しやっている作業の回数や手間も減らし、仕事の絶対量を減らすのです。**

例えば、形骸化された報告会議をやめたり、似たような会議をバラバラにやらず、１回でまとめて行ったりします。また、会議の配布資料を会議前にメールで配布して当日の資料説明の時間を短縮したり、発表資料や報告書などの資料のテンプレートを使用して、書類作成時間を短縮したりします。

その次に、効率を上げる仕事、現状を改善できる仕事を増やしていきます。

例えば、

・段取りや計画を立てる

・資料や報告書のひな形を作成する
・標準化資料を作成する
・チェックリストを作成する
・振り返りで改善策を計画する
・スキルアップに努める

などです。

このようなことを行うと、作業をすぐにはじめられ、スピードが上がります。さらに何をどこまでやればいいかもわかり、意思疎通が図れるのでムダや作業のミスが減り、やり直しも減らせます。

最小労力で最大効果を目指すことが重要です。

point

仕事の絶対量を減らしてから、効率を上げる仕事を増やす

4

「時間予算カレンダー」は「なりたい自分」への最短ルート

最初に立てた予定と実際のスケジュールが違うことはよくあります。

しかし、予定通りいかなくても悲観する必要はありません。「うまくいくといいな」という理想のスケジュールを考えることが大事です。

理想と現実のギャップを知ることで、どのようにギャップを縮めることができるか具体的に考えられるからです。

▼「なりたい自分（理想）」と「実際の自分（現実）」のスケジュールを比較する

①「なりたい自分」の予定を立てる

通常使っているカレンダーとは別に、「時間予算カレンダー」というカレンダーを作ります。このカレンダーには、時間の予算管理がうまくいっている状態、「こういう予定で仕事を進めることができたらいいな」という理想のスケジュールを組みます。

②「実際の自分」のスケジュールを用意する
「時間予算カレンダー」の予定を普段使っているカレンダーにコピーします。仕事を進めていく中で、急に入った打ち合わせ、トラブル対応、延長したミーティングなど、実際に起きた予定や活動をもとに、予定を変更し、カレンダーに反映させます。

③「なりたい自分」と「実際の自分」のスケジュールを比較し、振り返る
「実際の自分」を表している普段使っているカレンダーと「時間予算カレンダー」を重ねて表示し、どのようなギャップがあるかを特定します。

なりたい理想のスケジュール（時間予算カレンダー）

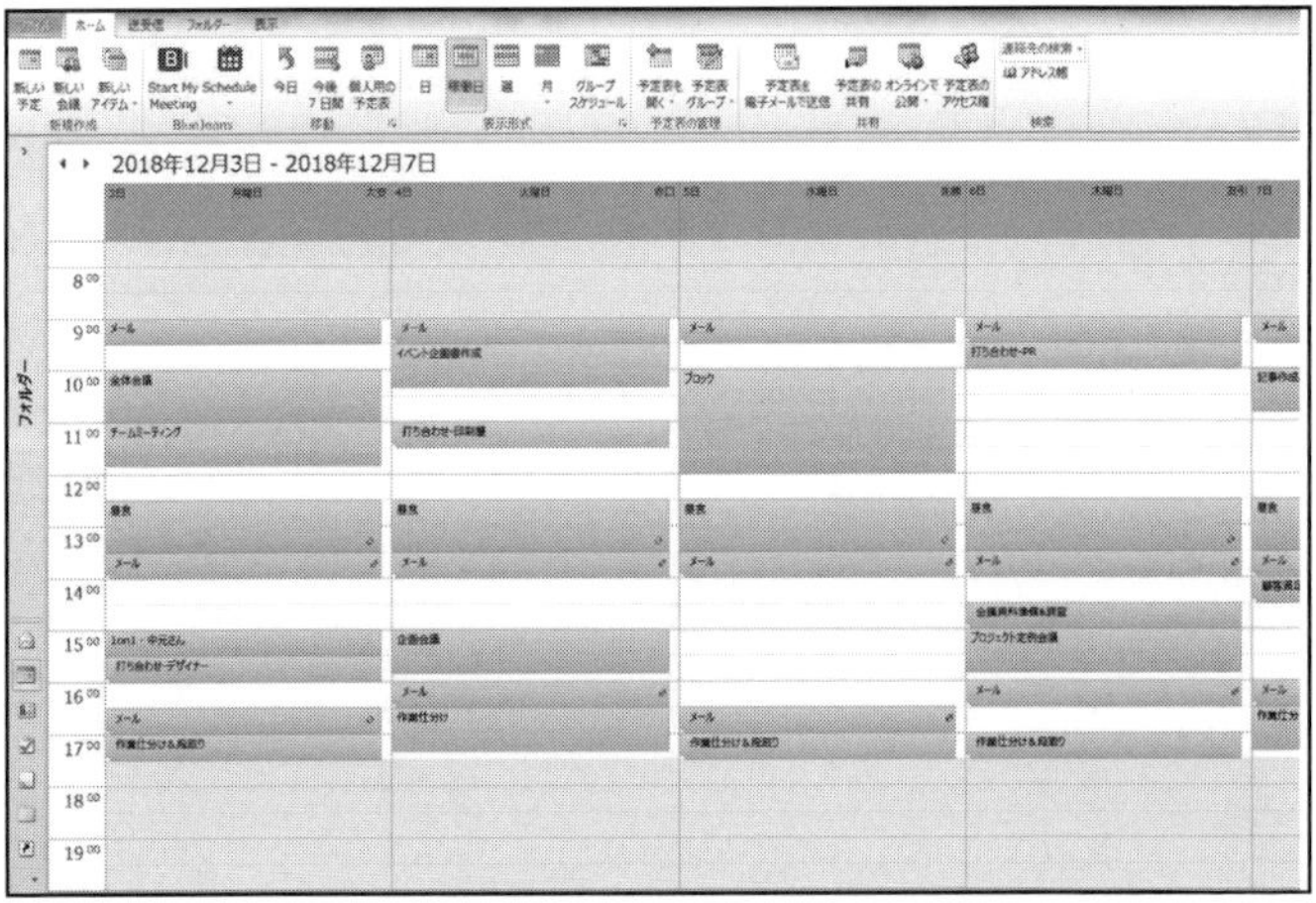

実際のスケジュール

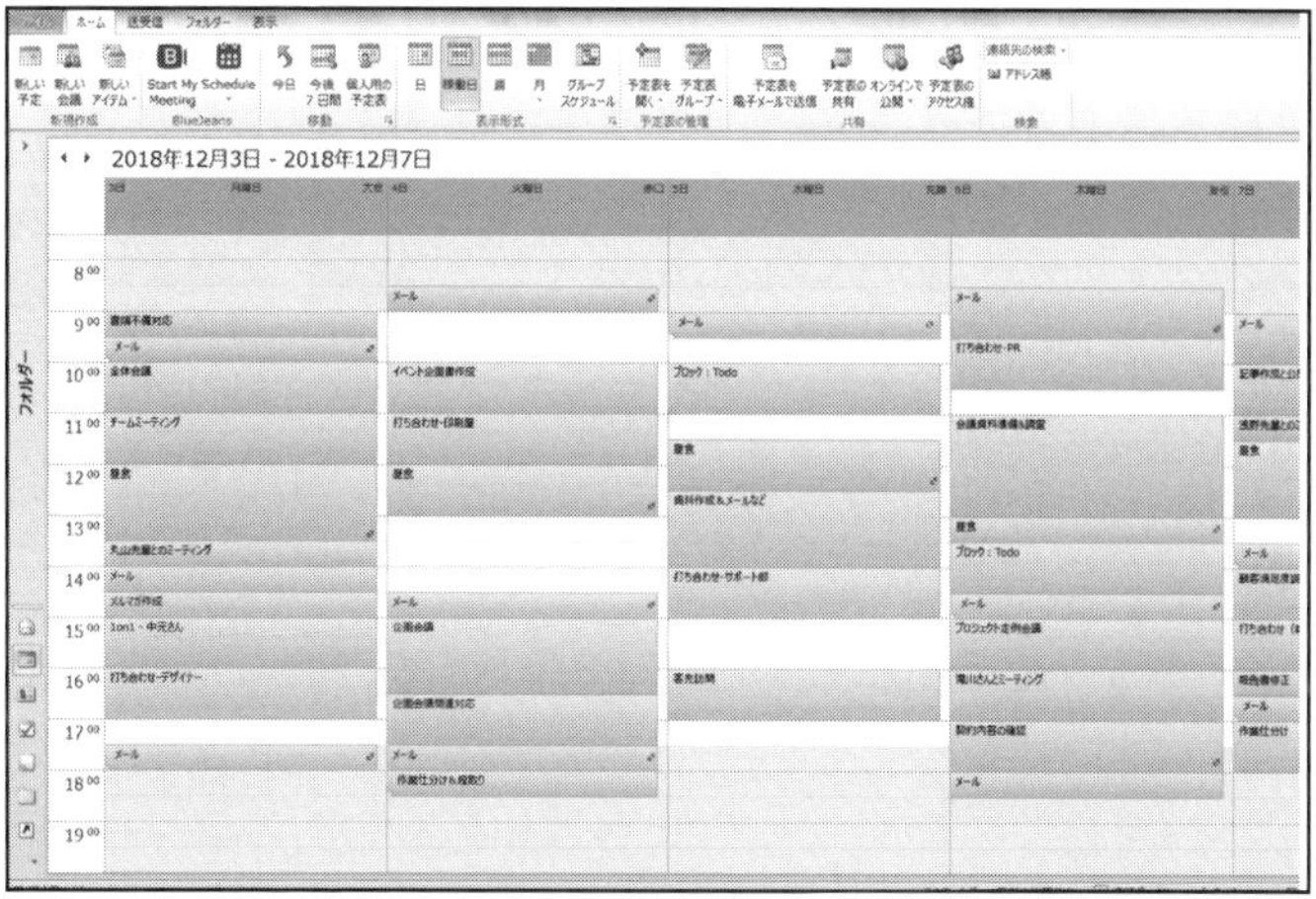

理想のスケジュールと実際のスケジュールを比較

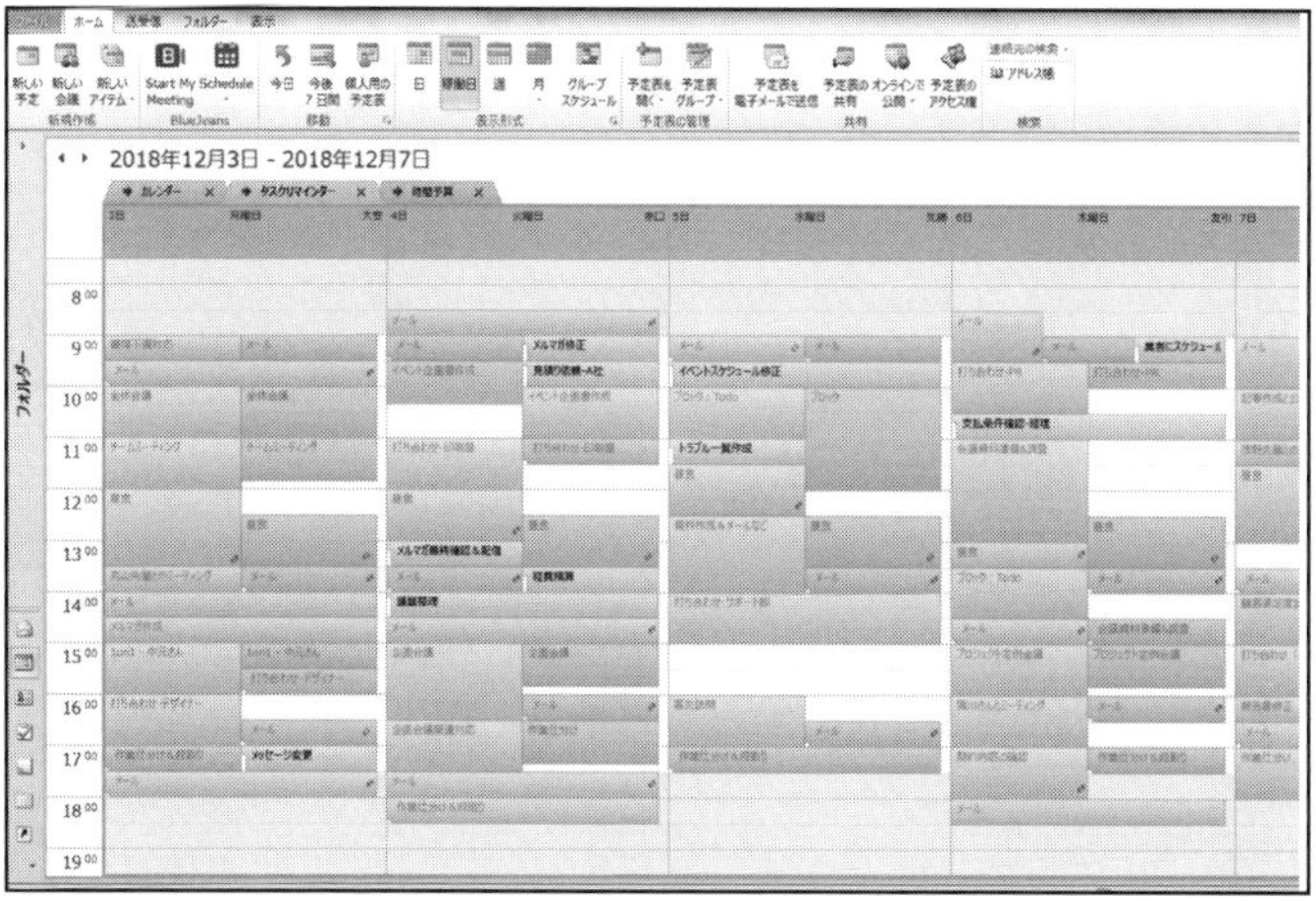

Microsoft Outlook の場合

④ ギャップが起きた原因と対策を考える

なぜ、**それぞれの予定で差異が出たのかを追求**します。何が時間をかけさせたのか？　なぜ早く終わったのか？　時間の見積もり自体に問題があったのかなど、原因を突きとめます。

次に、**どうしたらギャップを縮められるかの具体的な対策を考えます。**急に入る予定に対応できる空き時間を増やす必要があるかの検討もします。

このように「時間予算カレンダー」と比較することで、時間を予算内で収められるように、具体的な改善策を計画できます。また本当に自分がやりたいことに取り組んでいるかの確認もできます。

「時間予算カレンダー」は、効率的に仕事を達成するための道しるべとして活用することができます。

point

理想と現実のカレンダーとのギャップを分析し改善する

5 カレンダーに「できたこと」を記録し、振り返ると自信がつく

自分のスケジュールを振り返ることはとても大切です。

すでに述べた通り、「時間予算カレンダー」と比較し、理想とのギャップを知ることで、具体的な改善策を計画し、実行していくことができるからです。しかし、メリットはそれだけではありません。

仕事をしていると、「大丈夫かな」「本当にできるかな」と不安な気持ちになることは誰にでもあります。新しい仕事に尻込みする人も多いです。

そこで、自分に自信を持つためのおすすめな対策を教えます。それは自分の「できたこと」、つまり仕事の成果をスケジュールに記録することです。

大きな仕事である必要はありません。小さな仕事でも達成は達成です。

この達成する体験を積み重ねることが大事です。そして、スケジュールを振り返り、この成功体験を確認するのです。

すると、**「自分は思ったよりもできている」という肯定的な見方ができるようになり、自分に自信が持てるようになります。**つまり、「私ならできそう」と意欲を持って仕事に取り組めるようになるのです。

また、「できたこと」だけでなく、どのように課題を解決したのか、どのように改善したのかを整理して、カレンダーに記録することも重要です。

この過程で、新たな気づきや学びを得ることができます。さらに、似たような課題に直面したときに、迅速に対応できます。

カレンダー活用は、学びや成長を早める日報的な利点もあるのです。

point

カレンダーをうまく使うことで学びや成長を早められる

6

ＰＤＣＡサイクルは「Ｄ」からはじめる

仕事のスケジュール管理において、スケジュールを立てることは目的ではありません。時間を効率良く使い、慌てたり遅れたりすることなく、限られた時間内で成果を出すことが重要です。スケジュールの計画よりも「実行」が大事なのです。そして変化の早い今、スケジュール管理も高速にＰＤＣＡを回し、改善していくことが重要です。

ＰＤＣＡとは、次の４つの単語の頭文字を並べたものです。

Plan：計画を立てる
Do：実行する
Cheek：評価する
Action：改善する

例えば、詳細なスケジュールを立てても、割り込みの仕事が突然入ります。つまり、Ｐ

ＤＣＡサイクルの計画（Ｐ）に時間をかけても、実行（Ｄ）に移れない状況になってしまいます。

そのため、**詳細なスケジュールを組むために多くの時間を割くのではなく、大まかなスケジュールを立てて、すぐにやってみる。**そして振り返り（Ｃ）、そこで得た教訓や学びをもとにスケジュールの組み方を改善する（Ａ）。その結果として、今までよりも時間を有効活用できるようになり、成果を出していく、この流れが大事です。

まずは、本書で紹介しているやり方を試してみてください。**実際に行動してみると、頭だけで考えたこととは異なる結果や実感を得ることができます。**そしてそれを評価し、改善し、このサイクルを繰り返すことで、あなたのスケジュールが最適化されていきます。

最後に、目まぐるしく変わる状況や環境に柔軟に対応できる考え方「ＯＯＤＡ」ループを紹介します。

ＯＯＤＡとは、次の４つの単語の頭文字を並べたものです。

Observe：観察する

Orient：状況判断して、方向づけする
Decide：行動プランを決める
Act：行動する

ＰＤＣＡとの違いは、ＰＤＣＡは、計画して実行して、状況を管理・監視することを重視していますが、ＯＯＤＡは最初に観察し、状況判断に重きを置いているため、柔軟な判断や実行を優先しています。

まずはやってみることをおすすめしますが、いきなり行動するのは不安で慎重に進めたい人もいると思います。そのような人は、ＯＯＤＡを活用し、自分のスケジュール管理の状況を観察してください。

何が課題で、何がうまくいっているのかを把握し、それを踏まえた上で、進めていくこともひとつの手です。参考にしてみてください。

point

とりあえずやってみる

第９章まとめ

・時間もお金のように予算管理する
・金銭的価値をもとに自分がやるべき仕事を決める
・仕事の絶対量を減らしてから、業務改善に入る
・時間の予算管理がうまくいっている理想のカレンダーとのギャップを埋める
・スケジュールに記録した成果を振り返ることで自信がつく
・スケジュールの計画よりも「実行」が大事

チェックしましょう！

チェックがついたら、本章を読み返しましょう

- □ 時間の重みをついつい忘れてしまう
- □ ダラダラ物事を進めてしまう
- □ 生み出す価値を考えずに目の前の作業をしている
- □ 誰でもできる仕事に専念している
- □ 目の前の課題の解決だけをついつい考えてしまう
- □ 理想の予定を描けない
- □ だんだん自分に自信がなくなってきている
- □ 自分の成長を確認できる方法がない
- □ 考えてばかりで、実行に移せていない

おわりに

「ヤバい……。スケジュール本なのに締め切りを守れないかもしれない」

執筆中は、マーケティングの仕事がここ10年で一番大変な時期と重なったこともあり、正直、間に合うのか不安でした。

しかし、この本の中で繰り返し言っていますが、「事実をもとに合理的に考え、やるべきことをやるしかない！」と自分に言い続けました。

「がんばろう！」だけでは、なんともならない。

どんな状況であれ、成果を出す。これがプロだと。

そこで、自分は何をすべきかを考えましたが、イマイチしっくりこないのでググってみたら、答えは簡単に見つかりました。

それは、新たなテクノロジーの力を借りて自分をアップデートし続けることです。

この本を書いていくにつれて、私はスマホのフリック入力だけではなく、音声入力も多用していきました。限られた時間内でアウトプットを増やすために。

やっていることは至ってシンプルです。変なこだわりで感情的に判断せずに、合理的に短時間で成果を出す方法を考えて実行しただけです。新しいテクノロジーを活用することで、今までできなかったことができるようになります。

本書に書いてあることで共感できるところがあれば、実践してみてください。特にデジタルカレンダーを活用することは、昭和的な働き方をアップデートしていく、いいキッカケになると信じています。

書いてあることすべてに同意する必要はありません。むしろ「これは違うな。私ならこうする」と自分流のやり方を生み出していくからこそ、さらに進化できます。

この本を最後まで読んでくれたあなたは、すでに知識がアップデートされているはずです。アップデートには「これで終わり」がありません。重要なことはアップデートを続けることです。アップデートを続けるかやめるかは、あなた次第です。

さぁ、やってみよう。あなたならできるはずです。

最後まで読んでくださり、本当にありがとうございました。

飯田　剛弘

謝辞

いろいろな方からの支援や協力があるからこそ、本書を完成させることができました。本書の出版するにあたり、たくさんの方々に支援、協力していただきました。明日香出版社の皆さま、そして執筆する機会を与えてくださり、本の企画時から読者目線で助言をくださった編集担当の久松圭祐さんには大変感謝申し上げます。

それぞれ忙しい中、草稿の段階から、さまざまな視点でアドバイスやフィードバックをくれた丸山哲也さん、村中嘉代子さん、渡辺友莉さんにも心より感謝申し上げます。ありがとう。特に、親友のマル（丸山）からの鋭い指摘には僕自身考えさせられた。本当にありがとう。

現在、ＦＡＲＯで刺激や学びをくれるアジアのチームのみんなにもお礼を申し上げます。

最後に、本の執筆は孤独な作業だと思う。本来なら、家族で過ごす天気のいい週末やのんびりしたい金曜日の夜に、僕が執筆に集中できるように温かく支援してくれた妻の麻衣と息子の煌志に感謝したい。本当にありがとう。

■著者略歴
飯田　剛弘（いいだ・よしひろ）
NASDAQ上場企業FAROの日本、韓国、東南アジア、オセアニアのマーケティング責任者
マーケティングポータルサイト『ビジネスファイターズ』運営責任者
全米大学優等生協会（Phi Kappa Phi）所属

愛知県生まれ。南オレゴン州立大学卒業後、インサイトテクノロジー入社。ソフトウェア開発、コンサルティング、海外事業開発等を経て、インド企業とのソフトウェア共同開発プロジェクトに従事。

その傍ら、プロジェクトマネジメント協会（PMI）の標準本を出版翻訳。

マーケティングに特化後は、2年連続シェア1位を獲得（ミック経済研究所）。

現在は外資系企業のFAROで、アジア太平洋地域でのマーケティングやプロジェクトに意欲的に取り組む。4つの地域のチームをまとめるリーダーとして、スケジュールやタスク管理などの仕事術を、日本人はもとより現地の外国人を含めたメンバーへ積極的に教えている。

日刊工業新聞、大河出版、日本工業出版社などの専門雑誌で記事の執筆や、メカトロテックや日刊工業新聞社主催の展示会での講演も多数。

著書に『PMBOK対応 童話でわかるプロジェクトマネジメント』（秀和システム）がある。

本書の内容に関するお問い合わせ
明日香出版社　編集部
☎(03)5395-7651

仕事《しごと》は「段取《だんど》りとスケジュール」で9割決《わりき》まる！

2018年 12月 13日　初版発行

著　者　飯《いい》田《だ》剛《よし》弘《ひろ》
発行者　石野栄一

明日香出版社

〒112-0005 東京都文京区水道2-11-5
電話 (03) 5395-7650（代表）
(03) 5395-7654（FAX）
郵便振替 00150-6-183481
http://www.asuka-g.co.jp

■スタッフ■　編集　小林勝／久松圭祐／古川創一／藤田知子／田中裕也
営業　渡辺久夫／浜田充弘／奥本達哉／野口優／横尾一樹／関山美保子／藤本さやか　財務　早川朋子

印刷　株式会社文昇堂
製本　根本製本株式会社
ISBN 978-4-7569-2004-1 C0036

編集担当　久松圭祐

ISBN978-4-7569-1649-5

「仕事が速い人」と「仕事が遅い人」の習慣

山本 憲明 著

B6 並製　240 ページ　本体 1400 円＋税

毎日仕事に追われて残業が続き、プライベートが全然充実しない……そんな悩みを抱えているビジネスパーソンのための１冊。

「仕事が速い人」と「遅い人」の差なんてほとんどありません。ほんの少しの習慣を変えるだけで、劇的に速くなるのです。

サラリーマンをしながら、税理士・気象予報士をとった著者が、「仕事を速くできるためのコツと習慣」を 50 項目でまとめました。著者の経験を元に書かれており、誰でも真似できる実践的な内容です。

ISBN978-4-7569-1929-8

「残業しないチーム」と「残業だらけチーム」の習慣

石川　和男 著

B6 並製　240 ページ　本体 1400 円＋税

ライフワークバランスを考え、仕事もプライベートも充実させるが今の働き方の王道です。

しかし、だらだらと働いて毎日遅くまで残っている部下、「忙しい」が口癖の自分（上司）。どうすればチームが変われるのかを 50 項目でまとめました。

ISBN978-4-7569-1840-6

仕事が「速いリーダー」と「遅いリーダー」の習慣

石川　和男 著

B6 並製　240 ページ　本体 1500 円＋税

プレイングマネージャーと言われる管理職が増えてきました。
彼らは、実務をこなしながら、部下の面倒も見なければなりません。
従って、毎日忙しく、自分の時間を持つことができないのです。
本書は、リーダーの仕事を早く行うための習慣を 50 項目にまとめました。

ISBN978-4-7569-1876-5

「すぐやる人」と「やれない人」の習慣

塚本　亮 著

B6 並製　240 ページ　本体 1400 円＋税

「難しく考えてしまい、結局動けない」「Aで行くか、Bで行くか悩んでしまう」など、優柔不断ですぐに行動に移せないことに悩む人は多い。そんな自分を責めて、自分のことが嫌いになる人もいます。そういう想いをとっぱらいいざという時に行動できる自分になるために、心理学的見地と実際に著者が大事にされている習慣をもとに説いていく。できない人と対比することにより、「自分はこの傾向があるから気をつけよう」と喚起を促すことができる。

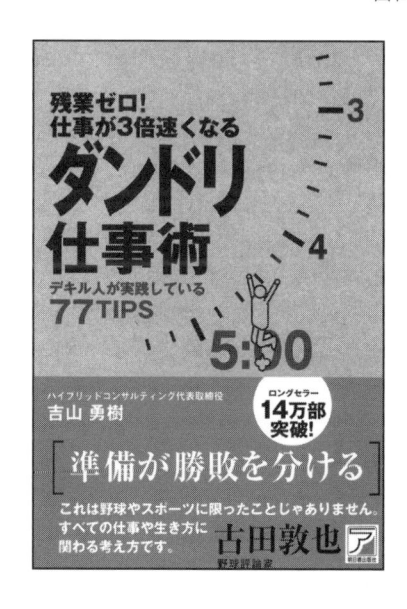

ISBN978-4-7569-1940-3

仕事ができる人の最高の時間術

田路 カズヤ 著

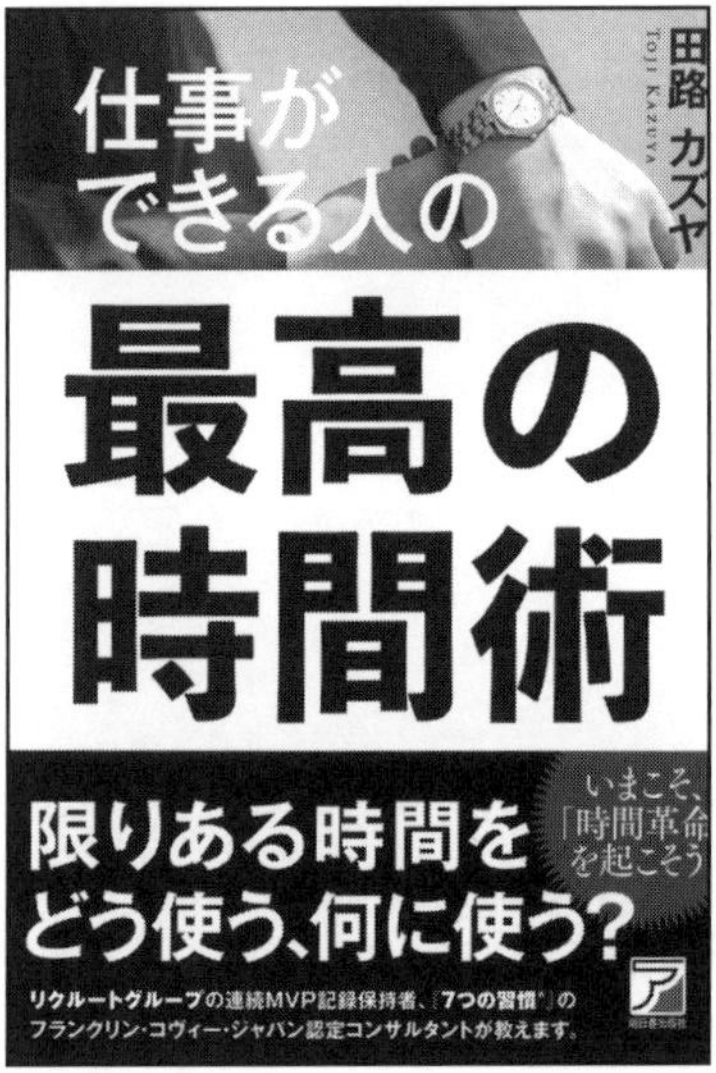

B6 並製　232 ページ　本体 1500 円＋税

限られた時間の中で最高のパフォーマンスをあげ、目標を達成するための時間活用術を紹介。

時間に対する「心 (意識)」を変え、「行動」を変え、「習慣（仕事の進め方)」を変えることにより、仕事もプライベートも充実するようになる。